道沖而用之或不盈，淵兮似萬物之宗；挫其銳

其紛，和其光，同其塵，湛兮似或存。吾不

誰之子，象帝之先。

地不仁，以萬物為芻狗。聖人不仁，以百姓

狗。天地之間，其猶橐籥乎？虛而不屈，動

出。多言數窮，不如守中。

神不

是謂玄牝。玄牝之門，是謂天地根

綿若

之不勤。

長地

地所以能長且久者，以其不自生

能長生。是以聖人後其身而身先；外其身而

物之始；有名，萬物之母。故常無欲，以觀
；常有欲，以觀其徼。此兩者同出而異名，
之玄。玄之又玄，眾妙之門。
下皆知美之為美，斯惡已；皆知善之為善，
善已。故有無相生，難易相成，長短相形，
相傾，音聲相和，前後相隨。是以聖人處無
之事，行不言之教。萬物作焉而不辭，生而不
為而不恃，功成而弗居。夫唯弗居，是以不
尚賢，使民不爭；不貴難得之貨，使民不為
不見可欲，使民心不亂。是以聖人之治，處

沖而用之或不盈，淵兮似萬物之宗；挫其銳
其紛，和其光，同其塵，湛兮似或存。吾不
誰之子，象帝之先。
地不仁，以萬物為芻狗。聖人不仁，以百姓
狗。天地之間，其猶橐籥乎？虛而不屈，動
出。多言數窮，不如守中。
神不死，是謂玄牝。玄牝之門，是謂天地根
綿若存，用之不勤。
長地久。天地所以能長且久者，以其不自生
能長生。是以聖人後其身而身先；外其身而

物之始；有名，萬物之母。故常無欲，以觀

妙；常有欲，以觀其徼。此兩者同出而異名，

謂之玄。玄之又玄，眾妙之門。

天下皆知美之為美，斯惡已；皆知善之為善，

不善已。故有無相生，難易相成，長短相形，

下相傾，音聲相和，前後相隨。是以聖人處無

之事，行不言之教。萬物作焉而不辭，生而不

為而不恃，功成而弗居。夫唯弗居，是以不

不尚賢，使民不爭；不貴難得之貨，使民不為

，不見可欲，使民心不亂。是以聖人之治，虛

原來老子這樣說

傅佩榮 著

增訂新版

目錄 CONTENTS

第二講　立身之道

第三講　治國之道

第四講　聖人之道

第五講　老子的道

前言

分享老子的智慧

《老子》這本書只有五千多字，分為八十一章。語句精簡有如格言，思想深刻則讓人回味無窮。世界上，翻譯成最多種文字，也印行過最多數量的書之中，《老子》排名第二，僅次於《聖經》。

《老子》又名道德經。「道德」二字的意思很特別。宇宙萬物充滿變化，最後會淪於幻滅嗎？如果萬物有來源也有歸宿，我們就不必擔心這個問題了。「道」就是這個問題的答案。至於「德」，則是由道所獲得的本性、稟賦與力量。花有花的存在條件，草難道沒有嗎？人有人的生命特質，牛也有成為牛的具體狀況。因此，從「道」看來，萬物各有其「德」，沒有什麼貴賤之分；從「德」看來，萬物都以「道」為母親，也都在「道」的懷抱中。人如果明白了「道」，這一生還會有什麼煩惱與痛苦？

老子是這本書的作者。依司馬遷所說，他可能是周朝管理圖書檔案的官員，退休之後寫下此書。真相如何，仍無定論。老子開創了道家學派。閱讀《老子》，好像聆聽一位飽經風霜的智慧老人的獨白。我在中學時代，偶然看到一句「強行者有志」，就寫下來當成座右銘，每當疲倦時就勉強自己再往前多走幾步，亦即多念幾頁書。長期下來，似乎有了明顯的成效。這句話出於《老子．三十三章》。

這一章的全文是：「知人者智，自知者明。勝人者有力，自勝者強。知足者富。強行者有志。不失其所者久。死而不亡者壽。」仔細體會，每一句話都有深意，也都可能成為我們的座右銘。《老子》書中像這樣的句子不勝枚舉，也因而讓人愛不釋手。

我曾在香港鳳凰衛視講了一百多集「國學天空」，其中有關《老子》的部分引起很大的回響。依我觀察，年齡稍長、經驗漸豐、人生閱歷越多的人，越能對老子的觀點產生共鳴。一方面是老子所說的，「於我心有戚戚焉」；另一方面也總能得到新的啟示而有恍然大悟之感。不過，老子思想的一貫系統依然讓人迷惘，譬如，「道」是什麼？這就是個大問題。

本書依序介紹「閱世之道、立身之道、治國之道、聖人之道、老子的道」，希望由近及遠、由淺入深，說明《老子》一書的要旨。有意進一步探討原文的讀者，可以參考作者的《解讀老子》（立緒版）與《究竟真實》（天下文化版）。書後所附的《老子》原文，則依王弼本，並參考帛書本與竹簡本。我的小書扮演橋樑角色，尚請讀者善加使用。

於台大哲學系
二〇一〇年十一月

第一講

閱世之道

道家的特色是從「道」的角度來看待宇宙人生。以整體來看，人世間的各種遭遇，無論是自然災害，還是個人患難，我們都不應該執著。

說到價值，有人類才有價值。為什麼？因為價值來自於選擇和評價。人類有思考能力，也有選擇能力，可以使某樣東西因為人的選擇而呈現出價值。

【相對價值】

舉個例子，我教書教了幾十年，常常碰到年輕學生問我，「老師，什麼是美？」美，就是一種價值。我看到年輕的學生，會說年輕是美；碰到社會上一些中年朋友，我說健康是美；有些老人家也問我什麼是美，我回答「自然」就是美。在沒有選美比賽之前，年輕、健康、自然都是美，任何人活著都具有某種美感值得欣賞。但是選美比賽一來，麻煩了，美似乎有個標準，好像必須合乎這樣的身高、體型、比例，才叫美。那麼，舉目四望，到處看到的人好像都不合乎標準，自己當然也離要求很遠了，那就不美嗎？當然不是。老子認為，美是一種相對的價值，人間任何價值判斷都是相對的；一方面，沒有美就沒有醜；另一方面，美之上還有更美，醜之下還有更醜：

「天下的人都知道怎麼樣算是美，這樣就有了醜；都知道怎麼樣算是善，這樣就有了不善。所以，有與無互相產生；難與易互相形成；長與短互相襯托；高與低互相依存；音與聲互相配合；前與後互相跟隨，因此之故，聖人以無為的態度來處世，以不言的方法來教導。」

「天下皆知美之為美，斯惡已」，古代「惡」這個字，很多時候當「醜」來講。「美之為美」是美的標準，不合標準的就不美；但是如果沒有這個標準，就沒有美不美的問題了。像選美比賽，大家知道了那樣叫「美」，相對的「醜」也就出現了。善也是一樣，你給善定下了

原 天下皆知美之為美，斯惡已；皆知善之為善，斯不善已。故有無相生，難易相成，長短相形，高下相傾，音聲相和，前後相隨。是以聖人處無為之事，行不言之教。

——《老子・二章》

標準，那麼不善也就出現了。例如有人每年捐一百萬給孤兒院，大家說他是善人，他在行善。這樣一來，我們不捐錢的或者沒有錢捐的就變成不善了。為什麼？因為把善規定在某些事情上，那麼做不到的人自然就變成不善了。

換句話說，有美和善，就有醜和不善。如果把美和善定格了，規格化了，讓所有的人都以此為準，善和美就變成了一種外在價值，而人的價值是要以內在作基礎的。這樣說也不是要完全忽視外在。例如我認為我是個好人，我就是好人嗎？沒有外在的行為，怎麼判斷呢？行為有兩種，一種是做給別人看的，大家都在看，我故意做好事；一種是由內而發，自己願意做的，有沒有人看我根本不在乎，照樣做好事。後一種，才是真正的善的價值。

美也一樣，美其實是四個字：值得欣賞。我們欣賞一個人，說明那個人有美的方面值得你欣賞。只要有好朋友欣賞，有愛人欣賞，你自然就是美的了，何必要拿外表去跟別人比較呢？外表比來比去，誰比得過年齡的挑戰呢？再怎麼美的俊男美女，到了一定年齡，都不要談「美」了。為什麼？歲月不饒人啊。也有人把美說成「心中有愛」，這些話我並不反對，只不過不要太刻意給美和善下定義。因為美和善的價值不應該被外在化，變成某種名詞或某種條件。

接下來老子說了六個對比：有無相生，難易相成，長短相形，高下相傾，音聲相和，前後相隨。六者都在描述價值的相對性。例如我看到一朵花，本來沒有花的時候是「無」，現在有了花是「從無到有」，過了幾天，花凋謝了，有就變成無了。換句話，「有無相生」是了解生命變化的狀態是相對的。我們今天所見的萬物，本來都是沒有的，現在「無變有」，將來「有變無」，萬物都在變化過程中。再例如小學一年級的學生，認為數學題目很難，讀到三年級就覺得以前的題目易如反掌，所以難易也是相對的。又例如我說這個人很高，但是碰到姚明，他就變成矮子了，碰到另外一個很矮的人，他又變高了。這叫什麼？相對價值。

在相對價值面前，聖人怎麼辦？他要以無為的態度來處世。道家的「無為」並非什麼事都不做，而是「無心而為」，不刻意做任何事，因為刻意去做，就有達成和達不成的情況，就有壓力。現代人的壓力往往不是來自工作本身，而是對工作有過度的要求，需要達到什麼業績，什麼成果，反而失去了享受工作的樂趣。

聖人怎麼教育百姓？以「不言」的方法來教導。當老師的人知道，身教重於言教。如果自己作不到，拚命要求學生作，學生一看，老師還沒作到呢，我們為什麼要作？教育的效果就達不到了。聖人明白了這個道理，於是無所作為，緘默不語，讓一切自然發展。

總之，所有的價值觀和判斷，如美醜、高下、長短、難易、有無，都是相對的。我們在這個世界上所見的一切，不但在感官上是相對的，在認識判斷上也是相對的。老子強調相對價值的目的，是讓我們知道一切本來是一個整體，不要盲目進行價值判斷，堅持什麼是好，什麼是不好，其實好與不好都在一個整體裡；換一個角度，好就變成不好，不好就變成好。總之，一切都來自「道」，最後又歸於「道」，任何東西都會由這一面變成那一面，因為它是相反相成的。

【禍福相生】

「禍福相生」的例子在日常生活裡經常出現。古代最生動的例子莫過於「塞翁失馬，焉知非福」。

高原上住著一位老人，有一天他養的一匹馬不見了，跑出去沒有再回來。鄰居聽說，跑來安慰他。老人說，「你怎麼知道馬不見了不是一件好事？」隔了幾天，真的是好事了，因為這匹馬回來了，還帶著一群野馬，老人發了財。鄰居跑來道賀，老人家說，「我們家賺了一群野馬，你怎麼知道這不是壞事呢？」鄰居聽了嚇一跳，心想有這種想法的真是跟別人不一樣。結果過了一段時間，老人家的兒子騎野馬摔斷了一條腿。鄰居又跑來安慰。老人會怎麼說，大家也猜到了。他說，「你怎麼知道我兒子摔斷腿不是一件好事？」過了沒多久，發生戰爭，所有健康的青年都要去打仗，很多人受傷，有的還戰死了。老人的兒子因為瘸了腿，不用打仗，父子倆反倒可以過著平安的日子。

在這個故事中，誰是那鄰居？我們普通人就是。只看到表面，看別人發財就可喜可賀，羨慕得不得了；看別人倒楣，就覺得不幸，想安慰他，但是這類想法有時候會落空。誰是那位老人？老子。只有老子有這樣的智慧，能夠看到事物的整體性，看到禍與福是相生相倚的：

「為政者粗疏，人民就淳厚；為政者苛細，人民就狡詐。災禍啊，幸福緊靠在它旁邊；幸福啊，災禍潛藏在它底下。誰知道究竟是怎麼回事？禍福是沒有一定的。」

前兩句講到為政者。為政者寬厚，粗枝大葉，老百姓就比較淳樸；相反，為政者如果斤斤計較，自以為聰明，老百姓就會躲躲藏藏，好像

原 其政悶悶，其民淳淳；其政察察，其民缺缺。禍兮，福之所倚；福兮，禍之所伏。孰知其極？其無正也。

——《老子・五十八章》

現在常說的「上有政策，下有對策」。政治人物看起來樸拙反而是好事。為政最怕刻薄，一刻薄就會傷害人心，不如盡量管得寬鬆一點，不要要求嚴苛。但是老子所講的也並不是一種愚民政策，而是強調人與人之間的對待關係，你對一個人好，他善良的一面自然會引發出來，反之，惡也會引發出惡。

老子接著說了「禍福相生」的道理。遇到災禍，如果禁受住了考驗，那麼痛苦過後可能更珍惜現在所擁有的一切，一珍惜，幸福感就來了。表面上什麼都有，恐怕災禍就隱藏在底下。例如美國曾經作過一項民意調查，發現有錢人家的小孩特別容易在中年之後感覺到人生乏味。因為他從小家裡要什麼有什麼，一切都是父母給的，樣樣都可以輕易到手，中年之後反而覺得人生沒什麼意思。窮人家的孩子從小打工，每一樣東西都要靠自己的努力賺來，反而覺得這些東西跟我內在的生命有一種關聯，更值得珍惜。所以，人生的福與禍是很難說清楚的。人年輕時受苦說不定是一種磨練，將來會有更好的發展；從小各方面都很順利，也許將來碰到考驗就不知道該怎麼辦了。

《韓非・解老》解釋福與禍的關係時說：「人有禍則心畏懼，心畏懼則行端直，行端直則思慮熟，思慮熟則明事理。」人因為遇到災禍而心懷畏懼，畏懼自己做錯事、想錯事，畏懼自己的行為違背規範，畏懼自己忽略了別人所在意的事情，畏懼鬼神和上天，然後行為自然端莊而正直，行為端直則思慮自然比較成熟，也就是可以明白事理。反之，「人有福則富貴至，富貴至則衣食美，衣食美則驕心生，驕心生則行邪僻而動棄理。」有福氣則有富貴，富貴的人在「衣食美」之後，個個都驕由心生。但是上流與下流的分野，怎麼能夠完全以金錢來衡量呢？事實上，很多人靠不法的手段賺錢，有錢之後搖身一變成為上流人，而這種人正是最下流的！所謂的上流，難道是指衣服有多少，或者衣服是哪種名牌嗎？這完全是把自己物化了，根本談不上人的精神層次。

老子說，「富貴而驕，自遺其咎」，富貴加上驕傲，自己就會招致禍患。其中因果由觀察經驗而得，世間少有例外。因此，人活在世界上，要經常保持警覺狀態，「敝而新成」，常常讓自己處在不圓滿的狀態中，就會自我要求，繼續成長發展。而且不管遇到壞事還是好事，都要看長遠一點。順利的時候，要提醒自己居安思危；倒楣的時候，也千萬不要灰心喪氣。要知道，沒有人一輩子都順利，也沒有人一輩子都倒楣。西方有句諺語：「上帝不會給人他不能夠承受的苦難。」什麼意思？如果你今天受苦受難，就要想到，上天給我的這個苦難不會是我無法承受的，我不光有能力承受，還應該從苦難中設法讓自己成長，開發潛能，向前發展，人生的路要掌握在自己手上。

【慎始慎終】

慎始，開始要謹慎。所謂「好的開始，是成功的一半」，基礎打得好，以後的發展就容易。例如我數學一直沒念好，是因為開始時基礎沒打好，後面念到幾何、三角，愈念愈辛苦。

慎終，結束也要謹慎。詩云：「行百里者半九十」，要走一百里路，走到九十里只能算一半，不能算百分之九十。為什麼？因為最後十里才是真正的考驗。就好像蓋房子，蓋到最後沒有把屋頂加上，一樣住不了人。《易經》有「井卦」，談到用瓶子從水井提水，拉上來的時候，碰到井口，瓶子碎了，水流光了，功敗垂成。

「情況安定時容易把握，情況尚無跡象時容易圖謀；事物脆弱時容易化解，事物微細時容易消散。要在事情尚未發生時就處理好，要在禍亂尚未出現時就控制住……人做事時，常在快要成功時反而失敗。面對事情結束時，能像開始時那麼謹慎，就不會失敗了。」

前面幾句話是在告訴你，人做任何事情一開始就要做好。《易經》坤卦初六說：「履霜，堅冰至」，腳下踩到霜，就要知道堅冰快來了。因為霜的陰氣開始凝結，循著規律發展下去，就會出現堅冰。這說明看待事物要有遠見，要能夠了解它細微的變化，見到葉落就知道秋天快到了。

所謂「人無遠慮，必有近憂」，沒有長遠的考慮，會有迫在眉睫的憂慮，苦難來到時就會措手不及。在年底就預先規劃好下一年。有長遠的考慮，才能知道什麼時候很忙碌，什麼事情應該避開，又要如何調節。如果這些都可以掌握，那麼即使辛苦忙碌，也知道自己為什麼願意接受，

原 其安易持，其未兆易謀；其脆易泮，其微易散。為之於未有，制之於未亂。……民之從事，常於幾成而敗之。慎終如始，則無敗事。

——《老子・六十四章》

因為事先經過思考和設計，已有心理準備。

「民之從事，常於幾成而敗之。」這句話實在太深刻了。為什麼事情快要成功時反而會失敗呢？因為得意忘形。「哀兵必勝」是何道理？謹慎小心，到最後一步都不敢大意的人，才可以維持優勢。所以老子說，能夠慎始慎終，才不會招致失敗。

我在德國待過一段時間，發現德國人做事很老實，不會取巧。例如街上的人行道，地磚一塊塊鋪得平平整整，每個地方都鋪得很好。不像臺灣很多人行道，開始那段鋪得很好，後面就崎嶇不平了，下完雨，踩下去濺一腳水。這說明做事的人缺乏訓練，忽略自己工作的神聖性，留下很多後遺症。我佩服一些基層的工人，他能把手邊每樣事情都做得扎實、徹底。例如修水管，非要把它修得完美，好像修自己家的水管一樣。對於這樣的人，他要再多的工錢，你也樂意給。西方講企業管理，強調細節決定品質，每個細節做好之後，整體工作才能達到完美，這和老子「慎始慎終」是一樣的道理。

孔子也強調慎的重要。有一次子路問他，如果老師統率三軍，要帶哪個學生去啊？子路心裡一定以為老師會帶他，因為他最勇敢。結果孔子說，「你這樣的人比較莽撞，我不願意帶你去。」他用「暴虎馮河，死而無悔」來描寫子路。子路空手就要打老虎，徒步就要過河，死了都不後悔，確實勇敢之極。但是作戰的目的是要成功，要勝利，不是說我是敢死隊，死了就完了。孔子說他要帶「臨事而懼，好謀而成」的人，遇到事情非常戒惕謹慎，好好籌劃，直到辦成為止；要麼不做事，要做就要做成，而且要事先好好籌劃。

事實上，大多數人只能作到「慎始」，很難作到「慎終」。有些政治人物晚節不保，從政幾十年還算清廉，但到了要退休時，就開始貪汙。結果可想而知，非但不能安享晚年，反而要在監獄裡度過殘生，有時甚至連命都不保。

對我們一般人來說，「慎始慎終」是做事堅持到底的過程。例如開學的時候，小學生也好，大學生也好，開學第一週、第二週很用功，但是期中考試之後，很多學生就鬆懈了。我當老師有經驗，學生蹺課大多是從學期中間開始的，這時候就分出高下了，看誰能堅持到最後，「強行者有志」，能堅持到底才能成功；就跟跑馬拉松賽一樣，不能跑到終點，前面跑再快也沒用。所以做任何事情，結束的時候要和開始時一樣謹慎，這樣事情才能夠圓滿完成。我們也應該如此要求自己。

【功成身退】

「功成身退」是「天之道」的運行法則，沒有人可以逃開這個法則。但是自古以來，能做到這一點的人卻寥寥無幾：

「累積到了滿溢，不如及時停止；錘煉到了銳利，不能長久保持。金玉堆在家中，沒有人能守住；富貴加上驕傲，自己招致禍患。成功了就退下，這才合乎天道。」

「持而盈之，不如其已」，「持」指累積，不累積就不會盈滿。「已」是指停下來，自我約束。錢累積到了滿溢，要怎麼用反倒令人擔心。錢，生不帶來，死不帶去，是社會經濟的循環，

原 持而盈之，不如其已；揣而銳之，不可長保。金玉滿堂，莫之能守；富貴而驕，自遺其咎。功成身退，天之道。

——《老子．九章》

輪到你家時就留一點，日子過得舒服一點。但是過得舒服就一定好嗎？可能各種問題都來了，很多人都患了富貴病或缺乏安全感。了解這個道理之後，就知道有錢要回饋社會。

「揣而銳之，不可長保」，這是「和光同塵」的道理。年輕人有時候銳氣很盛，要學會收斂。例如馬英九以前在大學教書的時候，因為學生太多了，加上有些人是來騷擾或追求他的，以致每個星期都要換教室，每次上課前都緊張兮兮的。他長得英俊瀟灑，外表太亮眼了，在任何地方都引起別人的注意，就像一把劍，痲袋包不住，一定會戳破。

「金玉滿堂，莫之能守」，這就像《紅樓夢》裡說的「金滿箱銀滿箱，轉眼乞丐人皆謗」，為什麼？莫之能守。家裡金玉滿堂，財寶堆了那麼多，這一代守得很好，說不定到第二代、第三代就敗掉了，或者因為意外的火災燒光了都有可能。所謂「富不過三代」，就是這個道理。很多人只滿足於爭取一時的財富，毫不考慮長遠的發展，最後難免陷入困境。

「富貴而驕，自遺其咎」，富貴的人最容易驕傲，也最應該避免驕傲。子貢有一次請教孔子：「貧而無諂，富而無驕，何如？」孔子認為這還不夠好，最好是「貧而樂道，富而好禮」。很多人說，人窮了就沒有「道」，但是如果真的了解「道」，窮不窮並不重要。我很幸運，有機會讀哲學，哲學叫作愛好智慧，這裡面也有「道」。我覺得人生的許多奢求沒必要放在心上，有空閒時讀讀書，從書中體會人生，可以明白很多事情，懂得很多道理，本身就有很多樂趣。

至於「功成身退」就太難了，自古以來能夠做到的只有少數人。像范蠡在越國打敗吳國之後，帶著西施隱居去了。李斯官至宰相，富貴加身，卻不肯下台，繼續做到秦始皇死後，就一命難保。《史記・李斯列傳》載：「二世二年七月，具斯五刑，論腰斬咸陽市。斯出獄，與其中子俱執，顧謂其中子曰：『吾欲與若復牽黃犬，俱出上蔡東門，逐狡兔，豈可得乎！』」此謂死前大悟。劉邦的時候也是一樣，有多少功臣上來之後，還願意功成身退？每個人都要封王，封到最後全部死光。還有明代開國的徐達、常遇春這些名將，替朱家打下大明江山，後來幾乎都是「狡兔死，走狗烹，飛鳥盡，良弓藏」。

我們活在這個世界上，如果不能避免當工具的命運，就一定要懂得功成身退的道理。為什麼呢？因為這是「天之道」，是自然界的運作規則，天地萬物沒有人可以逃脫。「天之道」有什麼特點？首先，「天之道，不爭而善勝」，冬天來臨，氣候變冷；春天到來，百花齊放；不必爭，春夏秋冬四季會依自然法則輪轉。因此，功成身退也是一種「不爭」的修養。其次，「天之道。其猶張弓與？高者抑之，下者舉之，有餘者損之，不足者補之。」自然界的法則像拉開弓弦一樣，根據射箭目標的高低，將持弓的位置調整到合宜。角度過高的就壓低，角度過低的就抬高；再看射的目標是遠是近，過滿就減少一些，不夠滿就補足一些。所以，功成身退是為了保持整體的平衡與和諧。

再次，「天之道，利而不害」，自然的法則是有利萬物而不加以損害，讓萬物不斷運作、活動，成住壞空。「成住壞空」是佛教用語。「成」即完成、出現，「住」即維持一段時間，「壞」是指開始腐朽，「空」是不見了。每樣東西都是從成到空，像人的生老病死。人有生老病死，物有成住壞空，季節有春夏秋冬，國家有興盛衰亡。明白這個原則，我們的處世態度就會謙虛、退讓，適可而止，然後功成身退，長保平安，這一切都是要給人、給己留有餘地。

【上善若水】

儒家、道家對水都非常推崇。孟子說：「人性之善也，猶水之就下也。」《孟子．告子上》人性是向善的，除了努力行善避惡，沒有第二條路。老莊不會教人行善避惡，因為一談行善避惡就必須接受現成的規範，而這些規範往往是人定的。如「竊鉤者誅，竊國者侯」，「鉤」是古時候男人衣服上面的飾品，很貴重，代表身分地位。偷鉤就被誅殺，但是偷國家卻變成諸侯，有很多人效忠。這樣的故事古今中外都一樣。與道德相比，道家更強調的是智慧，認為水與智慧有關，與「道」有關：

「最高的善就像水一樣。水善於幫助萬物而不與萬物爭，停留在眾人所厭惡的地方，所以很接近『道』。居處善於卑下，心思善於深沉，施與善於相愛，言談善於檢證，為政善於治理，處事善於生效，行動善於待時。正因為不與萬物爭，所以不會引來責怪。」

「上」即最高。在老子看來，如果要在世界上找一樣東西來描寫「道」，最適合的應該是水。孔子也稱讚水，如「仁者樂山，智者樂水」。聰明人欣賞水，因為水活潑、流動，能隨著地形而變化，放在圓的杯子裡就是圓的，放在方的杯子裡就是方的。智者就像水，可以適應環境的挑戰，隨時調整自己的策略。老子用水描寫一種智慧，這種智慧表現在外好像是無為，事實上沒有什麼事做不到。

「水善利萬物而不爭，處眾人之所惡，故幾於道」，「幾」是接近的意思，水接近「道」，卻並不等於「道」。希臘哲學家泰勒斯是西方第一位哲學家，他提出宇宙的本源是水。理由是：

原　上善若水。水善利萬物而不爭，處眾人之所惡，故幾於道。居善地，心善淵，與善仁，言善信，正善治，事善能，動善時。夫唯不爭，故無尤。

——《老子・八章》

凡有生命之物都需要溼氣，沒有水的話，植物無法生長；沒有植物的話，動物無法存活。但老子認為「道」是宇宙的本源，沒有「道」的話，哪裡有東西可以存在？水也不會存在。水總是居於卑下之地，而「道」對萬物無所不容，既沒有高低之分，也沒有好惡的問題，所以水接近「道」但不等於「道」。

「居善地，心善淵，與善仁，言善信，正善治，事善能，動善時」是老子總結的水的「七善」，蘇轍對此的注解是：第一，「避高趨下，未嘗有所逆，善地也。」水總是向下流，這個原則是不會改變的。第二，「空虛寂寞，深不可測，善淵也。」一個水潭，表面上風平浪靜，裡面卻深不可測。「心善淵」就是內心平靜，不表露自己的意向。第三，「利澤萬物，施而不求報，善仁也。」從下雨開始，水利澤萬物而不求回報，愛護諸多生命。第四，「圓必旋，方必折，塞必止，決必流，善信也。」「信」即見證，水可以印證，它進入圓的地方會旋轉，進入方的地方會轉彎，塞住水源水流就停下來等。第五，「洗滌群穢，平準高下，善治也。」水可以清洗一切髒東西。城市的灰塵和汙濁的空氣，一場大雨過後就一切如新了。水平可分高下，山倒映在水面上就看得很清楚。第六，「遇物賦形，而不留於一，善能也」。古人沒有鏡子，就用水來代替，任何東西都會在水面上顯出形狀，牛來就照見牛頭，馬來就照見馬面，人來就照見人臉。水不會選擇，只是適應能力很強，怎麼變化都可以。第七，「冬凝春冰，涸溢不失節，善時也。」水在冬天凝固，春天結冰，什麼時節應該缺水就缺水，應該滿出來就滿出來，能夠配合節氣，把握時機。

蘇轍從七種角度說明了水善利萬物而不爭的境界。用水來對照人生很貼切，任何一動、一靜、一言、一行，都能合乎這七種善。就可以達到無往而不利的境界。最後，「有善而不免於人非者，以其爭也」，有優點而不能免於別人的非議，是因為與別人相爭。「水唯不爭，故兼七善而無尤」，這也是「夫唯不爭，故無尤」的道理。表面上根本不與人爭，但最後整個大勢依然往你所指的方向發展，也不會惹禍上身。關於水的這一特性，非常具有哲學意味。

【天地不仁】

我們生活的這個世界，天災人禍不斷，榮枯變易無常。如何看待這些現象？老子並沒有給出答案，也沒有對災難進行直接的描述，而是說了一句話：

「天地沒有任何偏愛，把萬物當成芻狗，讓它們自行榮枯。聖人沒有任何偏愛，把百姓當成芻狗，讓他們自行興衰。」

「仁」指偏愛，「不仁」就是完全沒有偏愛，一視同仁。「芻狗」根據莊子的說法，是指用草紮成的狗。古代人祭祀祖先，祭桌上要放一些芻狗，等於陪伴在祖先身邊；向祖先跪拜時，

原 天地不仁，以萬物為芻狗。聖人不仁，以百姓為芻狗。

——《老子・五章》

芻狗也在供桌上接受祭拜；而一旦活動結束，用草紮成的狗就被丟在地上，任人踐踏，甚至被撿回去當柴燒了。

老子是清醒的觀察者，他看到上有天，下有地，中間的萬物，就如同老百姓一樣，有自己的榮枯興衰。到了一定季節，就生長繁榮；到了一定時候，就枯萎死亡，最後歸於幻滅。在從生到滅的過程中，天地是沒有任何偏愛的。一朵花春天開了，夏天謝了；或者秋天開了，冬天謝了。它不能說，「不行，我四季都要開放。」那別的花怎麼辦呢？自然界按照自己的規則運轉，不帶任何感情色彩。

你在繁榮的季節，上了臺面，非常得意自在；一旦過了時節，就必須下臺鞠躬，接受命運的安排。所以，人碰到許多自然災害，也盡量不要懷有太複雜的情感，不要老想著是不是我做錯了什麼？或者老天對我不好，有時候自然界的問題是沒有人可以想得透的。

聖人效法天地，所以對於人的世界，也讓他們生生滅滅，自行興衰。古代帝國有興盛衰亡四個階段，上帝不需要特別照顧誰，趨勢該如何就如何，不會介入其中而有所偏愛。因為一旦有了偏心，就必須挪東牆來補西牆，最後左支右絀，反而麻煩。這就是所謂的「天地不仁」與「聖人不仁」。

人活在「不仁」的天地之間，有沒有痛苦？當然有。如何看待這些痛苦？老子也說過一句話：

「我所以有大禍患，是因為我擁有這個身體，如果我沒有這個身體，我還有什麼禍患呢？」

這句話不太容易理解，人活著怎麼可能沒有身體？身體怎麼會是大禍患的來源呢？因為人有身體，身體帶來的各種狀況也隨之而來，例如產生無窮的欲望，要求各種物質享受以及世間的名利權位。然而這些東西的得與失，往往受制於外

原 吾所以有大患者，為吾有身，及吾無身，吾有何患？

——《老子‧十三章》

在條件，因而造成自己無窮的苦惱。所以老子說，人活得這麼辛苦，到處受人約束，必須委屈求全，認真努力工作，就是為了養活這個身體，如果沒有這個身體，何必做這些事呢？再例如身體有生病的可能，生病就覺得痛苦。更進一步說，有身體的話就會有面子，有形象，就開始與人爭名奪利。名譽和隱私都是從身體來的，沒有身體的話，什麼煩惱也都沒有了。

當然老子並不是讓人放棄這個身體，好像我不要活了，我就沒有災難和苦惱了。有些人說，我自殺是因為我看透了。事實上，你自殺是因為你看錯了。你以為這樣可以化解人生的困境，殊不知不是化解，而是逃避和放棄，完全違反了生命的要求。老子的意思是，人不要太在意自己的身體，不要太在意我要吃什麼，喝什麼，得到什麼樣的功名利祿；你太在意，就必須放棄你的自主性，人格尊嚴就不要談了。光想著讓自己吃飽喝足，榮華富貴。但這難道就是人生真正的意義嗎？道家認為，人活著是為了悟「道」，而不是滿足這些身體的欲望，不要讓身體成為累贅。

老子的建議是，與其等待大禍降臨，不如調整自己對身體的觀念：對身體要貴、要愛，目的在於提醒與警惕自己不要陷於大患。如果真正愛惜身體，就要讓它避免陷入困境。這裡面包含了高度修養的期望。但老子也曾提到，過度重視保養，反而會為身體帶來災難，因為違反了健康的規則。現在很多人得富貴病，都跟這個有關。

道家的特色是從「道」的角度來看待宇宙人生。「道」是整體，以整體來看，人世間的各種遭遇，無論是自然災害，還是個人患難，都不應該執著。人生的痛苦就源於「我執」，認為我一定要勝過別人，我一定要達成某種目標，或者我一定不要碰到什麼困難。盡量順其自然地生活，不要太在意身體的享受，不要以自我為中心，老子以為，人應該盡量多關懷他人，民胞物與。這時候，你的心胸開闊，痛苦和煩惱自然減少。

第二講

立身之道

我們常會在意身體有什麼變化，但是如果了解有形的生命回歸最後的根源「道」，即可化解不必要的執著，因為我們的精神會隨著「道」而不斷成長。

老子思想與儒家最大的差別，在於儒家以人為中心，是一種標準的人文主義，是要為人找到一條出路，找到一條正確的發展途徑。道家不以人為中心，認為以人為中心未免太狹隘、太主觀。

【化解執著】

如果我問你，蘋果為什麼是紅色的？「因為它想讓我引起食欲」；豬為什麼肥呢？「牠想提供我營養」。這是標準的以人為中心的回答。事實上，蘋果絕對不會是為了吸引你吃它，所以長成紅色；豬也不是為了提供你營養，所以長得很肥。宇宙萬物都有其內在的價值，它能存在，是得到了「道」的支持。

人類中心主義的思維方式，老子是完全反對的。他主張順其自然，盡量避免人為的造作，因為人為造作愈多，麻煩愈多。對於人本身而言，老子反對自我中心主義，主張「知常曰明」「自知者明」，提醒我們覺悟智慧的重要：

「不局限於自己所見，所以看得明白；不以自己為對，所以真相彰顯；不誇耀自己，所以才有功勞；不仗恃自己，所以才能領導；正因為不與人爭，所以天下沒有人能與他相爭。」

老子以連續四個「不」字反對自我中心，化解自我執著。第一句「不自見，故明」，如果任何事情都以自己所見到的為標準，那就看不明白。西方哲學為什麼從《柏拉圖對話錄》才開始高潮迭起？因為是「對話錄」，我跟你意見不一樣，我們來對話；對話之後，你把你從不同角度看到的東西告訴我，使我看到了事物的這一面，也看到事物的那一面，這樣才全面。

我們都有這樣的生活經驗，不同行業、不同

原 不自見，故明；不自是，故彰；不自伐，故有功；不自矜，故能長；夫唯不爭，故天下莫能與之爭。

——《老子．二十二章》

年齡、不同階層的人看到的東西不一樣，兩邊對照之後，才能夠發現真相。所以在希臘時代，「真相」這個字是「發現」的意思，人平常是被自己的主觀見解所遮蔽，只有不認為自己所見到的總是對的，這時才可能發現真相。

第二句話「不自是，故彰」意思類似。「不自是」，不要總認為自己是對的，老認為自己對，就不能彰顯出真實的情況。「明」和「彰」都代表能夠看得清楚，讓真相彰顯出來。我們常常說，不要那麼主觀，要跳開自己的立場，才能夠客觀。事實上，再怎麼客觀，還是會有一定的立場或一定的觀點。老子只是提醒我們，不要走得太極端了，太局限於自己的所思所見。

老子很喜歡用「明」這個字，「自知者明」，我把「明」常常翻成「啟明」，心靈之眼張開，才能啟明。用莊子的話說，從「道」來看萬物，萬物沒有貴賤之分，這叫作「啟明」。我看任何東西的時候，不要說這個貴，那個賤；這個如何，那個如何；從萬物本身來看，它都值得你欣賞。了不了解比喜不喜歡更重要，你連真相都沒弄清楚，就說喜歡這個不喜歡那個，只是主觀的一廂情願而已。

接下來，老子說人應該「不自伐」，別到處誇耀自己。這讓人想起孔子的學生顏淵，孔子問他，你有什麼志向？顏淵說：「願無伐善，無施勞。」我希望作到：不誇耀自己的優點，不把勞苦的事推給別人。「無伐善」就是不誇耀自己的優點。這說明儒家和道家在修養上有很多相通的地方。你不誇耀自己的優點，才有功勞；明明是你做的事，但是要知道，沒有人可以做成所有的事情，或者即使你做成一件事，也不是靠你一個人的功勞，而需要各種條件的配合，需要別人來幫你。例如現代社會的民主選舉，你勝選了，可是背後有多少人在幫你，怎麼可能靠你一個人完成呢？

第四句，不仗恃自己，才能領導別人。如果認為這個團體都靠我一人，只要我在，就沒問題；但真正做事時，別人卻不會服從你的領導，因為認為你驕傲自大，既然你有本事，一個人做好了。今天這個時代，每一個人都有自己的主見，如果不能夠以服務來代替領導，以謙虛來領導別人，別人只要稍微動動手腳，或是不願意配合，後果就不堪設想。

這四句話雖然簡單，卻不容易作到。孔子也說過類似的話，「子絕四：毋意、毋必、毋固、毋我。」《論語．子罕》君子有四件事是必須棄絕的，就是不任意猜測，不堅持己見，不頑固拘泥，不自我膨脹。要設法化解「自我執著」，懂得尊重和理解別人。道家更為開闊，不僅對別人要尊重，對於宇宙萬物都要加以尊重。

「夫唯不爭，故天下莫能與之爭」這句話很有意思，「不爭」代表我沒有必要在每一點上勝過別人。每個人都各有優點，各有專長，不用去爭。如果我有某一方面的專長，到時候輪到我上臺，輪到我做一件事，我自自然然就去做了。如果我每一樣都爭，爭到最後恐怕兩敗俱傷，別人看見你有優點，也不見得願意承認。我有時候開玩笑說，我下圍棋沒有輸過，為什麼？因為我從來不下圍棋。你聽到覺得很好笑，好像有點阿Q的想法，但是在老子思想裡，這是無可厚非的。一個人能有多少本事呢？你參加奧運會，得到金牌，但不要忘記，奧運有幾百種項目，你只是在這一方面勝過別人罷了。即使你能夠勝過別人，也要以「不爭」作為處世原則，等到你非爭不可的時候，別人自然會尊重你。

【自己作主】

「知人者智，自知者明」這是一句大家很熟悉的話。這句話出自《老子》：「了解別人的是聰明，了解自己的是啟明；勝過別人的是有力，勝過自己的是堅強；知道滿足的是富有，堅持力行的是有志；不離開根據地的才會持久，死了而不消失的才算長壽。」

「知人」是指懂得人情世故，與人來往時了解別人。一個人了解別人，可以算是很聰明，但更重要的是了解自己，作內省的工夫，才能從整體上觀察「人我」關係，打破遮蔽。否則光了解別人，不了解自己，反而本末倒置。「明」在這

原 知人者智，自知者明。勝人者有力，自勝者強。知足者富，強行者有志。不失其所者久，死而不亡者壽。

——《老子．三十三章》

裡指「啟明」，它不是一般的聰明才智，而是化解自我執著之後，走向悟「道」境界的啟明。人一旦啟明，眼界、心胸就完全不同了。如何了解自己？你必須靜下來，「致虛極，守靜篤」，虛靜之後才能了解自己，這是老子修養的明確方法。

「勝人者有力，自勝者強」，勝過別人說明你力量很大，但只有勝過自己才是堅強。因為真正的強者是可以自我作主的人。人如果不能勝過自己，作自己的主人，那麼勝過別人也只是表面功夫而已。王陽明說：「去山中之賊易，去心中之賊難。」把山上的盜賊趕走很容易，為什麼？給我軍隊，好好訓練，就可以把山賊趕走；但要把心中的賊去掉就不容易了，因為心中的賊牽涉到人的欲望、想法、成見，很難去掉。怎樣勝過自己？把「想做什麼就做什麼」倒過來，我想做什麼偏偏不做，自我控制力掌握得很好，才能勝過自己。否則，只順著自己的欲望走，很容易變成自己欲望的奴隸。

「知足者富」這句話西方有類似的說法：「致富的最佳途徑是減少欲望」。富有與貧窮是相對的。例如你現在問我有錢嗎？我說要看跟誰比，跟天下首富比，我這點錢算什麼？簡直窮得不得了。但是我自己並不覺得有所匱乏，反而很滿足，因為別人再有錢跟我有什麼關係？就像《莊子・逍遙遊》說的「鷦鷯巢於深林，不過一枝；鼴鼠飲河，不過滿腹」，一隻鳥在森林裡作巢，只需要一根樹枝就夠了；土撥鼠到河邊喝水，所需的不過是裝滿一個肚子。人只要懂得滿足，那就是富有了。

至於「強行者有志」，這是我年輕時的座右銘。人活在世界上，一定要有志向，志向是指尚未做到的事情，要全力以赴。「強」有兩個意思，其一是勤，很努力地做；其二是勉強，勉強自己做。例如放假了，想要休息了，我再勉強自己多念兩天書；今天晚上累了，想睡了，我還是勉強自己多念十分鐘書。只有這樣不斷勉強自己做，堅持力行，讀書才會比別人多一點心得。其實，沒有一個人的成功或收穫，不是經過自我勉強而得來的。像美國的喬丹打籃球，年輕時每天練習投籃，規定自己一定要投五百個才能停下來休息。如果沒有自我勉強，人就會陷於惰性，站著不如坐著，坐若不如躺著。真正的志向，除了強行，別無捷徑。

「不失其所者久」的「所」指本性與稟賦而言，亦即只有守住「德」才可能持久。例如經常換工作或經常遷移，或者出去開會東奔西跑；長此以往，會覺得很辛苦。所以不要輕易離開自己的位置，做任何事情都要量力而行，不要造成不安定的感覺。

「死而不亡者壽」有兩個意思，一是人死了，但他的精神和風範留下來，供後人景仰效法，這樣的人才是真的長壽，否則就算活到一百多歲，死了還是什麼都沒有了。二是回歸「道」體，亦即永不消失。人若未能悟「道」，則「身死如燈滅」。真正恆存的只有「道」，領悟道之後，就會發現，每一個人都可以死而不亡，因為有道作為歸宿。我們常會在意身體有什麼變化，但是如果經由有形的生命回歸最後的根源「道」，即可化解不必要的執著，因為我們的精神會隨著「道」而不斷成長。例如自知、自強，然後知足、強行、不失其所。這一路下來最後就「死而不亡」了，生命回到了最初的基礎。

【消除煩惱】

道家對人的欲望與煩惱觀察得非常細膩、深刻。老子主張對於人生的許多事情要「保持距離」，才能夠保全自己。「保持距離」是為了減少外界的干擾，尤其是耳目的干擾：

「五種顏色讓人眼花撩亂；五種音調讓人聽覺失靈；五種滋味讓人口不辨味；縱情於狩獵作樂，讓人內心狂亂；稀有的貨品，讓人行為不軌。因此，聖人只求飽腹而不求目眩，所以摒棄物欲的誘惑，重視內在的滿足。」

古代所講的「五色」依序是：青、紅、黃、白、黑。這也是五行的順序：青屬木，紅屬火，

原 五色令人目盲；五音令人耳聾；五味令人口爽；馳騁田獵，令人心發狂；難得之貨，令人行妨。是以聖人為腹不為目，故去彼取此。

——《老子·十二章》

黃屬土，白屬金，黑屬水。看多了這些顏色，人會眼花撩亂。例如現代人早就習慣了七彩綜藝，看電影、看電視、上網……花花綠綠很好看，到最後眼睛受不了，幼稚園的小朋友都開始戴眼鏡。說明什麼？放縱自己感官的欲望，會帶來後遺症。眼睛是為了看清楚，結果你反而看不清楚。

「五音」指宮、商、角、徵、羽五種音調，「五音令人耳聾」，當然不是指耳朵真的聾掉，而是說如果經常置於噪音的影響之下，到最後就無法聽清楚，產生聽覺失靈的現象。就像現在立體聲影院製造出來的電影音效，有時真叫人頭疼。有時候愈單純的聲音，反而愈能讓人感到深刻的涵義。

「五味」也是按照五行的順序：酸、苦、甘、辛、鹹。酸屬木，樹上結的果子是酸的；苦屬火，東西燒焦了是苦的；甘甜屬土，土裡長出來的莊稼是甜的；辛辣屬金，冶煉金屬時，聞起來會有一股辛辣的味道；鹹屬水，海水是鹹的。有時候吃東西味道太多，反而不辨滋味，例如吃滿漢全席，幾十樣菜，到最後也許每樣菜的味道都不記得了。

五色、五音、五味代表人的感官欲望，如果對這些欲望不加以約束，恣意放縱，最後超過了限度，就會變成「求樂反苦」。至於狩獵作樂，雖說可以讓人的生命盡量奔放，但沉溺於此，不知收斂，時間一長，會心智狂亂。很多學生都有這樣的體會，放假的時候玩得太過頭了，剛開學反而收不了心，心思很亂，不能安定下來。至於稀有的貨品讓人行為不軌，很容易理解。你不會聽說有人搶什麼拖鞋、皮箱、衛生紙，要搶就搶鑽石、黃金、珠寶。為什麼？稀有貨品，容易讓人產生非分之想，做出違法亂紀的事情，最後受到社會制裁。

聖人面對這些感官欲望時，怎麼辦呢？為腹不為目。「目」指五色、五音、五味這些感官欲望。聖人讓你吃飽喝足，生活得不錯，但是不要有太多誘惑。為什麼呢？因為人免不了受到誘惑的困擾，誘惑一多，人往往把持不住；如果總是隨著外物奔馳，到最後人心會發狂。聖人明白這個道理，「去彼取此」，摒棄物質的誘惑，讓我們回到內心，取得內在的滿足。

說實在的，這類想法，現代人不見得能立刻接受。社會的發展讓人目不暇給，產生各種欲望。有人認為，如果沒有欲望，沒有消費，商業社會怎麼辦？經濟不流通也不行。況且，叫我們回到顏色少、聲音單純的古代已經不可能了。科技的發展，時代的進步是不能夠回頭的。怎麼辦？只有設法收斂和約束自己的欲望，學會自我控制，不在這個充滿欲望和誘惑的社會中迷失自己。現在有些人每天看電視、上網，到最後會覺得心煩意亂，因為看到別人有而自己沒有的東西，會羨慕，自己又得不到，就產生煩惱。這時候如果稍微約束一下自己，少看一點，少聽一點，或是看到別人擁有的各種值得羨慕的條件也不動心，想到自己有的別人其實也未必有，心理才會平衡。好像小孩子有時候會羨慕別人的玩具，忘了自己家裡也有很多玩具。我們小時候住在鄉下，羨慕住在都市裡的人，但都市裡的小孩反而羨慕鄉下孩子，因為可以跟大自然親密接觸。所以每個人其實都有很多值得珍惜的東西，重要的是安於自己的生命條件，珍惜這些，了解自己的限制，劃定自己的努力範圍，不隨波逐流，這樣就少了許多無謂的困擾。

【以德報怨】

人這一生用十六字就可以描述了：生、老、病、死；喜、怒、哀、樂；恩、怨、情、仇；悲、歡、離、合。怨，是其中之一。人與人在一起相處，有時難免有抱怨。你對我不好，我抱怨你；或者我對你不好，你抱怨我。雙方互相抱怨，總覺得自己受到委屈，這是人生常有的情況。

有人問孔子，「以德報怨，你認為如何？」孔子說，「這樣不行，應該『以直報怨』；否則，『以德報怨』的話，何以報德呢？」別人對你好，你對他好，叫作以德報德；別人對你不好，你還對他好，那對於對你好的人不就不公平了嗎？所以他主張「以直報怨」。「直」在儒家來講包含兩個意思，一是真誠；二是正直，不扭曲心中的情感，按照正義的原則對待他人，讓他人受到公平的待遇，是以直報怨。但老子不這麼認為，他說：

「重大的仇怨經過調解，一定還有遺留的怨恨；這樣怎能算是妥善的辦法呢？因此，聖人好像保存著借據的存根，而不向人索取償還。有德行的人像掌管借據那樣寬裕；無德行的人像掌管稅收那樣計較。自然的規律沒有任何偏愛，總是與善人同行。」

「和大怨，必有餘怨」，這句話很深刻。與別人發生了重大的仇怨，就算和解了，也會留有一些小的怨恨，至少心中會覺得不平、受委屈，或者沒有面子。從前的社會，甚至有代代相傳的怨恨，子孫有時未必搞得清楚是怎麼回事，雖經過調解，怨恨仍難以化解。如果這時候還說孔子所謂的「以直報怨」，就不合適了。所以，化解怨恨最理想的辦法是從根本上不要與人結怨。

聖人同別人來往，給人金錢卻不向人要債，

原 和大怨，必有餘怨，安可以為善？是以聖人執左契，而不責於人。有德司契，無德司徹。天道無親，常與善人。

——《老子·七十九章》

自然無怨可生。「司契」總是借錢給人，所以寬裕和樂，受人歡迎；「司徹」負責收取租稅，難免斤斤計較，受人厭惡。兩者都是比喻，代表截然不同的人生態度。我們要讓自己不受怨，與別人來往的時候，就要處處為別人留餘地。老子認為人活在世界上，有什麼仇怨和解都來不及，怎麼可以以直報怨，更不要說以怨報怨了。「冤家宜解不宜結」就是這個道理。

《老子・六十三章》直接說到「報怨以德」四個字：

「所作為的，是無所作為；所從事的，是無所事事；所品味的，是淡而無味。大小多少不必計較，以德行來回應怨恨。」

原 為無為，事無事，味無味。大小多少，報怨以德。

——《老子・六十三章》

「為無為，事無事，味無味」是標準的老子思想。王弼的注解說：「以無為為居（居者，住也。就是以「無為」作為基本原則，處於無為的狀態中）；以不言為教（不說什麼話，以此教導別人）；以恬淡為味（飲食恬淡對身體比較好）；治之極也（這是政治領袖治理百姓的最高境界）。」而「大小多少」，獲得多獲得少，居於大位還是安於小位，都不要計較。如果別人對你有怨恨，你要「報怨以德」，用德行來回應怨恨。

老子為什麼會有這種想法？因為道家的思想是一個整體觀。人活在世界上，要從整個一生來看，不要計較一時的得失成敗。跟別人來往，這人也許現在虧欠了你，將來說不定別人又來回報你。別人如果得罪你，你把它當成一種磨練和考驗，想到別人恐怕也有痛苦和煩惱。

事實上，我們這一生，很多人給了我們恩惠。小時候，有父母老師照顧；進入社會，有長官同事照顧。因此，我們幫助別人的時候，就不要老想著回報；你在這裡得不到回報，說不定在別的地方收穫更多。

我在美國念書的時候，用英文寫論文不太有把握，請了一位在台大念過碩士的美國同學幫我修改。改完之後我要付他費用，他婉拒了。他說當年他在台大念書的時候，也有同學義務幫他修改論文，所以他要回報，結果我運氣好，回報到我身上來了。我當時就想，將來如果有機會幫助外國學生，就盡力而為，等於也把他對我的恩德回報在其他人身上。

如果每個人能以這樣的心態來處世，好像一顆石頭丟到水裡，它的漣漪慢慢向外擴張，到最後整個社會都會充滿一種信賴和諧的氣氛。所以「以德報怨」是高超的社會理想，並不是單純的德行修養而已，裡面包含深沉的智慧。它從萬物一體的整體觀看待個人生命、人類社會和世界歷史。從這個角度看，我們每一個人都可能有恩於人，也可能有怨於人，唯有抱著「以德報怨」的態度處世，至少在老子看來是非常適當的。

【和光同塵】

「和光同塵」語出《老子》，一聽就覺得是要採取一種比較委婉、低調的方式跟人相處：

「了解的不談論；談論的並不了解；塞住出口，關上門徑，收斂銳氣，排除紛雜，調和光芒，混同塵垢，這就是神奇的同化境界。對於這樣的人，眾人無從與他親近，也無從與他疏遠；眾人不能讓他得利，也不能讓他受害；無法使他高貴，也無法使他卑賤，因此他受到天下人重視。」

「知者不言，言者不知」，我在大學時念書念到這裡，開玩笑說教道家的老師最好不要說

原 知者不言，言者不知。塞其兌，閉其門，挫其銳，解其紛，和其光，同其塵，是謂玄同。故不可得而親，不可得而疏；不可得而利，不可得而害；不可得而貴，不可得而賤。故為天下貴。

——《老子・五十六章》

話，因為一說話就代表他不知道，他如果知道就不說話了；所以教道家很容易，進入教室什麼話都不用說，跟學生笑一笑，下課了。這當然是玩笑之詞，事實上道家是把說話當成一種方便法門，說的時候盡量使用比喻，因為很難直接說清楚到底什麼是「道」。

「塞其兌，閉其門」，塞住和關上的是感官的欲望，意思是眼睛不要看太多，耳朵也不要聽太多；因為看太多聽太多，心會亂掉，欲望就增加了。《莊子．應帝王》裡有關於混沌之死的寓言，說混沌對別人特別和善，別人看他可憐，沒有七竅，想報答他，幫他開竅。結果「日鑿一竅，七日而混沌死」，為什麼？欲望多了。

然後，收斂銳氣，排除紛雜，「和光同塵」我們都知道要調和光芒，不要太明亮。有才華的人太亮眼了，別人看了會刺眼，會對付他。當領導也是這樣，要知道有人上臺，就會有人下臺；上臺是機緣湊巧，條件成熟，一旦任務完成，要懂得下臺，讓別人上來。至於「同塵」，混同塵垢，一般人都愛乾淨，不喜歡塵垢，但有時候在社會上做事，不能太清高；要知道別人有一些小毛病，你同樣也有，只要無傷大雅，就不要太計較。

《孟子・滕文公下》裡有個故事，說齊國有一個叫陳仲子的人，非常有節操，他認為哥哥收了別人的好處，不跟哥哥來往，自己搬到外頭住。有一天他回家探望母親，正好有人給哥哥送了一隻鵝。過了幾天，母親把鵝殺了，做飯給他吃。正吃著，哥哥從外面回來了，說：「你不是說收別人的鵝不好嗎，幹嗎吃呢？」他聽了立刻跑到門外，把鵝肉吐出來。孟子批評他「若仲子者，蚓而後充其操也」，只有變成蚯蚓才能作到他這種操守。不管儒家道家，都認為人在這世界上生存，必須尊重世俗的一般規範，和光同塵。這不是虛偽，而是一種謙卑，一種願意體諒別人難處的處事態度。

接著，老子說了六個詞：親、疏、利、害、貴、賤。這六個詞剛好兩兩相對；有親就有疏，有利就有害，有貴就有賤。什麼意思呢？人要學會不受外界的操控和影響。《孟子・告子上》說：「趙孟之所貴，趙孟能賤之。」如果別人很容易影響你，讓你覺得自己很不錯，那別人也很容易讓你覺得自己不行；因為你價值觀的來源在外不在內。而親疏、利害、貴賤如果都操之於自己，你自己心中有譜，知道自己為什麼活在這個世界上，知道自己現在的處境如何，跟別人關係如何，對自己有基本的了解和信心，就不會隨便受到別人操縱。

這裡所說的「別人」，一般指大眾或媒體。說你幾句好話，你就開心；倒過來批評你幾句，你就難過。這怎麼能行呢？《莊子．逍遙遊》說「舉世譽之而不加勸」，天下人都稱讚我，也不會使我更加振奮；相反，天下人都批評我，也不會使我更加沮喪。能夠作到不讓天下人的想法來影響你，這樣的人就具有某種程度的修養了。但是還不夠，最高境界是從「重外輕內」到「重內輕外」，最後到「有內無外」。「內」是一種智慧的啟發，是經過某些生命修練的過程而了解了「道」。從「道」的角度看待宇宙人生，會發現人生其實根本沒有所謂的得失、成敗、來去這些問題，更沒有什麼親疏、利害、貴賤之分。

這種覺悟的境界，老子稱作「玄同」，玄妙的同化境界。你覺悟了「道」，不再生起「分別心」和「比較心」，也不再覺得自己缺乏什麼，你本身圓滿具足，與「道」同在。莊子說「上與造物者遊」，「道」是萬物的來源，同它一起遊玩，生命怎麼會落空呢？「善吾生者，乃所以善吾死者也」，能夠讓我好好有這麼一個生命的，也可以好好讓我的生命結束。這樣一來，就把人生的悲情轉化為喜悅之情，這正是道家高明的地方。

#【老子三寶】

說到「三寶」，我記得小時候吃過一種廣東餐點，叫「三寶飯」。後來讀書，知道明朝有個「三寶太監」鄭和七下西洋的故事。上大學念了哲學系，才知道「三寶」二字出自《老子》：

「我有三種法寶，一直掌握和保存著。第一是慈愛；第二是儉約；第三是不敢居於天下人之先。因為慈愛，所以能夠勇敢；因為儉約，所以能夠推擴；因為不敢居於天下人之先，所以能夠成為眾人的領袖。」

第一寶「慈」，「慈」是母性的特質，代表人的心態要慈愛。老子認為道生萬物，道是萬物

原 我有三寶，持而保之。一曰慈，二曰儉，三曰不敢為天下先。慈故能勇；儉故能廣；不敢為天下先，故能成器長。

——《老子．六十七章》

的母親，母親的特色就是慈愛。西方有一句諺語，上帝不能照顧每一個人，就給每個人一個母親。莎士比亞說：「女子雖弱，為母則強。」女人作了母親之後，因為對孩子的這份慈愛，會變得非常勇敢堅強，碰到任何困難都要設法解決。

有一個故事說，美國一位母親帶女兒到超市買東西，出來的時候，女兒跑在前面，忽然一輛卡車急駛而來，把她壓在車輪之下。千鈞一髮之際，母親立刻奔上前去把卡車車頭抬起來。如果是平常的情況，一個女人怎麼可能抬起卡車車頭呢？但是這位母親真的做到了。看到女兒被人從車輪底下拉出來的那一刻，母親也倒下了，在醫院裡躺了好幾個月。這說明在一剎那間，慈愛所帶來的勇氣實在是難以想像地強大。孔子說：「仁者必有勇。」有仁德的人一定有勇氣做他該做的事。老子也說：「慈故能勇。」慈愛的人，一定能夠勇敢地幫助別人：

「因此，聖人總是善於幫助人，所以沒有被遺棄的人；總是善於使用物，所以沒有被丟棄的物。這叫作保持啟明狀態。因此，善人是不善人的老師，不善人是善人的借鑑。不尊重老師，不珍惜借鑑，即使再聰明也免不了陷於困惑。這是精微奧妙的道理。」

聖人為什麼善於幫助人，善於使用物，而使人不被遺棄，使物不被丟棄呢？因為聖人有慈愛，聖人領悟了「道」。從「道」的角度看，每一個人每一樣物都源於「道」，「道」讓這些人和物出現，一定有其存在的理由和價值。從這個意義上講，沒有所謂的「棄人」與「棄物」。「棄」與「不棄」是由人的眼光來判斷的，喜歡這個或者討厭那個，但人的眼光常常是片面和短淺的。所以要「襲明」。保持啟明的狀態，以慈悲的胸懷，寬容的心態，對每一個人、每一樣物都能尊重和珍惜。

「故善人者，不善人之師；不善人者，善人

原 是以聖人常善救人，故無棄人；常善救物，故無棄物。是謂襲明。故善人者，不善人之師；不善人者，善人之資。不貴其師，不愛其資，雖智大迷，是謂要妙。

——《老子．二十七章》

之資」，我們現在常說的「師資」二字就出於此。「善人」是先了解道理的人，走在前面；「不善人」像學生一樣，跟在後面。學生向老師學習，老師向學生借鑑，等於雙方互相學習，互相尊重。每個人都可能因為某一方面的長處在此為師，又因為另一方面的不足在彼為資。所以對兩者都要接納，這樣一來，就不會陷於迷惑了。強調相輔相成、相對相重的觀念，是老子思想的特色。

總之，我們對「道」的學習，首先要在心態上學習「道」的慈愛，學會用慈母的心對待天下所有的人，不分善、惡、美、醜都要照顧和關懷，由此形成一種普遍的、平等的同情。這是老子的第一寶「慈」的深意。

老子的第二寶是「儉」，針對物質。很多人把道家跟環保聯繫起來，就因為這個字。「儉」是要人收斂和約束欲望。人如果節儉，固定的錢可以多用一陣，固定的食物可以多吃幾餐。大家都節儉了，自然環境的惡化就不會這麼快了。其實，這個世界的問題並不在於財富不夠用，而是財富不平均，杜甫所謂「朱門酒肉臭，路有凍死骨」，貧富差距太大，天下很難太平。

老子對於「儉」的觀點和他本身的哲學思想相呼應。「慈」從「道」而來，因為「道」是萬物的母親，所以「慈」是一種普遍的關懷和同情；「儉」則是我們對待世界的態度。人在消耗這個世界的能量和資源時要盡量節儉和珍惜，因為每樣東西都來自「道」，怎麼可以浪費？而且也只有「儉」，才能使每個人都普遍地使用世界的資源，所以老子說：「儉故能廣」。

如果人的欲望層出不窮，是不可能接近道家的。道家的基本原則是「少私寡欲」，多私多欲的人，不可能快樂。因為欲望沒有滿足會痛苦，一旦滿足之後又生出更多的欲望，然後更痛苦，這是很簡單的邏輯。況且，即使所有欲望都能滿足，人就快樂嗎？會不會付出的代價也太大了呢？老子說：

「名聲與身體，哪一個更親近？身體與錢財，哪一個更貴重？獲得與喪失，哪一個更有害？過分愛惜必定造成極大的耗費；儲存豐富必定招致慘重的損失。所以，知道滿足，就不會受到羞辱；知道停止，就不會碰上危險，這樣可以保持長久。」

為了追求「名」、「貨」而勞累或傷害身體，可謂得不償失。名聲和財富是身外之物，身體對於人而言，卻是不可或缺、無法替代的。為了追求名利，把健康搞壞了，到最後生病進了醫院，這時候誰能來幫你？只好自己忍受病痛的折磨了。有的人到了生命的最後階段，恨不得拿自己的一切財富來換回多活幾天，有什麼用呢？如果早知道身體比名利貴重，為什麼平時不多留意一點呢？

至於「得與亡孰病」，「得」兼指名、貨而言。出名得利，常常帶來後遺症；無名無利，反而可以清靜生活。這不只是「鐘鼎山林，各有天性」的問題，並且還考慮到人生長遠的苦與樂。

原 名與身孰親？身與貨孰多？得與亡孰病？是故甚愛必大費，多藏必厚亡。知足不辱，知止不殆，可以長久。

——《老子．四十四章》

「甚愛必大費」，人一旦執著於所愛，會不顧一切地付出，對人如此，對物亦然。漢武帝有「金屋藏嬌」的故事，你過分喜歡一個人，要什麼給什麼，會耗費很大。父母對子女也是一樣，過分溺愛，讓他予取予求，對孩子的成長不見得有好的效果。

「多藏必厚亡」，天災人禍將使儲存財物愈多的人陷入更大的危機。例如倉庫著火，如果裡面只放了些簡單家具，損失就不大；如果裡面堆滿了古董字畫、金銀珠寶，那損失就不得了了。我有一個朋友，喜歡收藏玻璃杯，他家裡有個大櫃子，擺滿了從世界各地收集來的漂亮玻璃杯，結果碰上地震，整個櫃子倒下來，幾十年的收藏毀於一旦。我跟他說：「甚愛必大費，多藏必厚亡。」他聽了很驚奇，想不到老子居然兩千多年前就知道會有這種情況發生。

老子最後說，人如果能區分內外，進而重內輕外，作到「知足」與「知止」，自然可以安全自在。要知道，做人做事，能夠把握分寸，作到「適可而止」是最難的。而適可而止的祕訣在於一個「儉」字，懂得收斂自己的欲望，活在這個世界上才不會覺得匱乏。

老子的第三寶叫「不敢為天下先」，因為不敢居於天下人之先，所以能夠成為眾人的領袖。也就是說，在社會或團體裡，要作到謙退禮讓，不與人爭，能夠居於人之後，才能成為真正的領袖。有人說，那會不會是故意擺姿態啊？我先讓別人，最後目的仍是居於人之先？不是的：

「善於擔任將帥的人，不崇尚武力；善於作戰的人，不輕易發怒；善於克敵制勝的人，不直接交戰；善於用人的人，對人態度謙下。這叫作不與人爭的操守。這叫作運用別人的力量，這叫作符合天道的規則，這是自古已有的最高理想。」

原　善為士者，不武；善戰者，不怒；善勝敵者，不與；善用人者，為之下。是謂不爭之德，是謂用人之力，是謂配天，古之極也。

前三句話和戰爭有關。老子說，善於擔任將帥的人，不崇尚武力。崇尚武力等於是靠有多少軍隊、多少武器來打仗，不見得有勝利的把握。優秀的將帥帶兵時要帶「心」，用慈愛的心來對待部下，作戰的時候別人才願意為你效命。

然後，善於作戰的人也不輕易發怒。兩軍交戰，你還沒有準備好，別人知道你的弱點，故意激怒你，你輕率應戰，結果陷於劣勢。歷史上很多戰役都是因為自己穩不住陣腳，不到關鍵時刻就輕易出兵，最後造成慘敗。

最後，善於克敵制勝的人，根本不直接交戰。《孫子兵法》的最高境界是「不戰而屈人之兵」，不用武力，而是用謀略、外交贏得勝利。

——《老子・六十八章》

因為兩軍作戰就算打贏了，死傷也很慘重，殺敵一千，自己損失五百，到最後還是兩敗俱傷。

老子用了三個「不」：不武、不怒、不與。等於什麼呢？收斂。不要仗著人多勢眾、兵強馬壯，就急著跟人作戰，而是要用間接、柔和的方法克敵制勝。

接著，老子提到「用人」問題，領導人要使喚別人，自己先要言語謙虛，態度卑下；否則，態度傲慢，高高在上，別人就算不得不聽命於你，心裡恐怕也不會服氣，等到真正做事的時候，不見得照你的意思來做，反而誤事。

接著老子連說三個「是謂」，這叫作不與人爭的操守，運用別人的力量，符合天道的規則。「無為而治」是這麼來的。如果能善用每一個人的才華，讓他們自由發揮，沒有什麼壓力，在適當的崗位做適合的事，再權責劃分，分層負責，那麼自己幾乎不用做什麼事，說不定只要說幾句話，甚至什麼都不用說，所任用的人就自然而然把事情做好了。這是自古已有的最高理想。

西方中世紀以後，基督教有「七大死罪」（the seven deadly sins）之說。第一項死罪就是「驕傲」（pride）。為什麼驕傲這麼可怕，居然成為七大死罪之首呢？因為人一旦起了驕傲的念頭，就會忘了自己是誰，最後會以為自己是神。神代表什麼？神在此不是指上帝，而是一種完美的境界。你以為自己抵達完美了，到了圓滿之境了，但是不要忘記生、老、病、死，誰能避開呢？你一驕傲，一覺得自己完美，當下就是墮落。

人活在世界上，一定要了解，沒有誰是不可或缺的，不是非有你不可，也不是非有我不可；任何事情，你不做，自有別人來做，絕不會說少了哪個人，地球就不轉了。所謂「斯人不出，如蒼生何」，只是一種說法罷了。在現實世界中，這個人出來，對天下就好嗎？不一定；這個人離開，天下就亂了嗎？也不一定。所以西方宗教把驕傲列為最大的死罪，是非常深刻的觀念。老子也說「不敢為天下先」。愈是有能力的人，愈要懂得謙卑。這樣的觀念，對我們來說非常具有啟發性。我們不會因此而放棄自己的鬥志，反而更能尊重每一個人的生命特質。

第三講 治國之道

最好的統治者，是讓老百姓知道有他的存在，但不覺得受到他的統治。到成功的時候，老百姓會說：「你看！這是我們自己成為這樣的。」

有些人對老子談論政治的內容很感興趣。司馬遷寫《史記》，把老子列在〈老子韓非列傳〉裡，一看題目就知道，老子跟政治沾了邊兒。因為韓非子是法家代表，法家特別重視政治。

韓非子寫過〈解老〉、〈喻老〉，詮釋老子的思想。司馬遷說韓非：「喜刑名法術之學，而其歸本於黃老。」「黃」是黃帝。戰國漢初的黃老學派是道家的支派，以道、法並提，也主張清靜、無為，對於統治的技術（即如何讓百姓服從政令，讓帝王的統治穩定等）有很多見解。

韓非子解釋的《老子》有沒有問題呢？問題大了。《史記》說韓非：「引繩墨，切事情，明是非，其極慘礉少恩。皆源於道德之意，而老子深遠矣。」亦即批評韓非子過於嚴刑峻法，殘酷無情，其理論雖源於「道德」學說，但老子原來的思想比他深遠多了。

【四種統治】

《老子》一書談了一些統治術。他所說的聖人是悟「道」的統治者，與聖人相對的，是一般老百姓。老子的觀察很犀利，他把統治者分為四個層次：

「最好的統治者，人民只知道有他的存在；次一等的，人民親近他並且稱讚他；再次一等的，人民害怕他；更次一等的，人民輕侮他。統治者的誠信不足，人民就不信任他。最好的統治者是那麼悠閒啊，他很少發號施令。等到大功告成，萬事順利，百姓都認為：我們是自己如此的。」

原 太上，下知有之；其次，親而譽之；其次，畏之；其次，侮之。信不足焉，有不信焉。悠兮其貴言！功成事遂，百姓皆謂：我自然。

——《老子．十七章》

第一等的統治者是老百姓知道他的存在，但不知道他曾經發號施令，對老百姓來說似有若無，好像什麼事情都沒有做，問題就已經解決了，這叫作「無為而治」。像英國的女王，只是精神象徵，但國家發生重大的事情，她一說話就有效果。這大概是最高明的政治，這樣的統治者是讓人佩服的。

第二等統治者行仁政，老百姓親近他，稱讚他。現在這個時代的政治領袖最多也只能作到這一等。你擔任國家領導人，總希望受到老百姓的肯定。民意調查超過百分之六十、七十，就覺得很滿意、很開心了。

第三等統治者使用政令刑罰，老百姓會害怕他。這顯然是指比較專制、極權、落後的社會統治者。我前一陣子看了一部電影《最後的蘇格蘭王》（The Last King Of Scotland），講的是烏干達的軍事獨裁者阿敏總統，他統治期間殺害了三十萬同胞，每一個人都怕他怕得要命。阿敏總統就屬於這類統治者。

最後一等統治者胡作非為，全無章法，人民侮辱他，根本看不起他。因為在民主時代，統治者再怎麼壞也有個限度，難道還能搞白色恐怖嗎？不行。所以老百姓到最後變成侮辱他，提到這個人的名字大家都罵。一個人擔任領袖，開始的時候受到很多支持，後來一路下去，變成人人在罵他，毫無尊嚴可言，這種情況並不少見。作為普通人也不應該隨便被人漫罵，作為政治領袖被大家隨便責罵，到了這個地步，天下就要大亂了。

老子認為統治者的誠信不足，人民就不會信賴他。這與孔子的觀點一樣。子貢向孔子請教政治的作法，孔子說：「足食，足兵，民信之矣。」（《論語・顏淵》）使糧食充足，使軍備充足，使百姓信賴政府。子貢問：「如果迫不得已要去掉一項，先去掉這三項中的哪一項？」孔子說：「先去掉軍備。」因為老百姓一定要先吃飯，飯都吃不飽，準備那麼多武器幹什麼？

再問，如果還要去掉一項呢？孔子說：「去掉糧食。」「自古皆有死，民無信不立」，自古以來，人總難免一死，但老百姓如果不能信賴政府，國家就不能成立，那時候你比死還難過，變成亡國奴了。

老子最後這句話講得非常精采，等一切大功告成，一切上了軌道之後，百姓怎麼說呢？百姓皆謂：「我自然」。我讀到這句話，心裡真是感動。最好的統治者是讓老百姓知道有他的存在，但不覺得受到他的統治。「貴言」代表很少發號施令，很少發號施令，但是仍有統治的事實。有些學者由此聯想到「日出而作，日落而息，帝力於我何有哉」。帝王的力量跟我沒有什麼關係，知道有「帝力」存在，但是不覺得受到「帝力」的擺布，讓老百姓不覺得有人在統治，然後完全出於本能，自發地按照你制定的政策去行動。到最後成功的時候，他會說：「你看！這是我們自己成為這樣的。」

莊子說：「大聖人治理天下時，用的方法是放任民心，使他們成就教化、改變風俗，消除他

原 大聖之治天下也，搖盪民心，使之成教易俗，舉滅其賊心而皆進其獨志，若性之自為，而民不知其所由然。

——《莊子．天地》

們害人的念頭，而促成他們自得的志趣，就像本性自動要這麼作，而他們並不知道何以如此。」這當然是最高明的統治，讓百姓自然而然覺得一切都上軌道，也不知道為什麼如此。

我想不管任何社會，最高的政治目標都是老子說的這種情況，讓每一個老百姓都可以安居樂業，感覺到活著作為人，可以不要考慮其他方面的問題，只需要努力學習和體悟人生的智慧。

【若烹小鮮】

「治大國，若烹小鮮」這句話我經常提起，因為跟我個人的經驗有關。我一九八三年在美國念書的時候，當時的美國總統雷根在元旦發表的國情咨文裡，引用了這句話。美國總統對美國人提起兩千多年前一位中國哲學家說的話，讓我這個留學生印象相當深刻。第二天看報紙，《老子》的英譯本又賣出好幾萬冊。

「治理大國，要像烹調小魚。用『道』來領導天下人，鬼就失去神妙作用；不但鬼失去神妙作用，神也不會干擾人；不但神不會干擾人，聖人也不會干擾人。神與聖人都不干擾人，所有的

原 治大國，若烹小鮮。以道蒞天下，其鬼不神；非其鬼不神，其神不傷人；非其神不傷人，聖人亦不傷人。夫兩不相傷，故德交歸焉。

——《老子・六十章》

稟賦都得以保存了。」

「若烹小鮮」，河上公的注解是「烹小魚，不去腸，不去鱗，不敢撓，恐其糜也」。小魚如果去腸、去鱗的話，很容易爛掉。「不敢撓」是指不要隨意攪動。煎過魚的人都知道，只要油到一定熱度，魚放下去，很快就熟了，不用多做什麼事；相反的，如果拚命努力煎，隨意攪動，最後變魚鬆了，沒法吃。老子用這個比喻提醒我們，治理國家最好是無為而治，政府管得愈少愈好。

我當年在美國念書的時候，和好多教授談起美國政治，他們都表示很欣賞無政府主義。我聽了嚇一跳，心想搞無政府主義，社會不是亂掉了嗎？其實無政府主義跟老子的想法有一點接近，政府只要把政策作好，把稅收用在正當的地方，讓老百姓自己選擇自己的生活方式，不要過多干涉。因為你作為的時候，會思考怎麼樣才有「利」，但即使目的達到了，也可能帶來其他方面的後遺症。現代人經常說的一個詞叫「蝴蝶效應」。早知道今天這個結果不好，當初我就應該這麼作、那麼作，來避免這個後果。美國電影《蝴蝶效應》把這個假設演出來了，給你機會把過去的某些作法或說法調整，結果怎麼樣？調整之後所造成的後果，絕對比你現在看到的結果更可怕。說明什麼？你不要幻想我過去這樣那樣，就能怎麼樣，人再怎麼設想都敵不過大自然的法則。與其這樣，不如無為而治，順其自然，這時候鬼、神、聖人都不會來干擾。

鬼是什麼？「鬼者，歸也」，人死之後回到本來的樣子，就變成了鬼。神作為比較大的力量，存在於自然界，像山神、海神、河神。此外，人類世界裡比較特別的偉人，也有被封為神的。俗話說，疑心生暗鬼。鬼往往是因為害怕而產生的。而說到神，大家會想到求神拜佛。因此，有所懼會想到鬼，有所求會想到神，鬼神跟人的心理狀態和需求有關。例如經濟情況不好，失業率很高，很多人跑去算命，跑去求神。為什麼？因為他有所懼，也有所求。

社會如果能夠作到不讓老百姓感到恐懼，感到隨時有危險，感到有很多願望不能實現，那麼鬼神就不會來顯示各種奇奇怪怪的作用。所以我覺得香火鼎盛不見得是好事，說明人對自己缺乏信心，總希望有某些外在力量來幫助我滿足願望，反而忘記做人應盡的本分，忘記自己是自主的生命。

《莊子．天道》說：「一心定而王天下，其鬼不祟」，只要心定，連鬼神都不會作祟。又提到「陰陽和靜，鬼神不擾」。「陰陽」指大自然的氣，陰陽二氣平和安靜，鬼神都不會干擾你。因為人有人的責任，鬼神有鬼神的角色。把人的責任盡好，就可以與鬼神保持距離。這近似孔子的主張：「敬鬼神而遠之。」但是這句話前面還有四個字：「務民之義」，專心做好百姓認為該做的事。反之，「不問蒼生問鬼神」，逢廟就拜，就顯得愚昧之至。可惜許多政治人物並不明白老子這句話。

由此可見，還是「道」最重要，老子認為只要以「道」蒞臨天下，鬼神又能如何？不但如此，聖人也不會來干擾人。神是靈異世界的主導力量。聖人是人類世界的主導力量。聖人因為體悟了「道」而有智慧，知道一切都會自己上軌道，無須人為，做得太多反而造成更大的困擾，因此聖人只是「無為」，不會來干擾人。

等到鬼、神、聖人都不來干擾人的時候，所有的一切就可以回到自然的狀態中，最後「德交歸焉」。「德」指本性和稟賦，可以理解為獲得的「得」。老子認為，萬事萬物只要能夠存在，都是獲得了「道」的支持，「道」所支持的是你的本性與稟賦。人的一生要讓自己的本性和稟賦保持原始、純潔、圓滿的狀態，是老子的理想。如果因為追求某些外在的目的，而傷害了自己的本性和稟賦，就違反了「道」。因此，追求某種東西的時候，應該時常問自己，我所付出的代價是不是太高了？以至於過得不快樂，忘了自己是誰，甚至陷入憂鬱的狀態，那顯然是弄錯了生命的方向。「治大國，若烹小鮮」不僅是老子對政治的看法，也可以用來治理我們個人的生命，亦即無為而治，一切順其自然。

【小國寡民】

「小國寡民」是老子心目中的理想社會。這個社會是怎麼樣的呢？

「國土要小，人口要少。即使有各種器具也不使用；使人民愛惜生命而不遠走他鄉。雖然有船隻車輛，卻沒有必要乘坐；雖然有武器裝備，卻沒有機會陳列。使人民再回到古代結繩記事的辦法。飲食香甜，服飾美好，居處安適，習俗歡樂。鄰國彼此相望，雞鳴狗叫的聲音，相互聽得到，而人民活到老死卻不互相往來。」

「國土要小，人口要少」，那是古代社會，今天這個時代是廣土眾民，已經回不到過去了。

原 小國寡民，使有什伯之器而不用；使民重死而不遠徙。雖有舟輿，無所乘之；雖有甲兵，無所陳之。使民復結繩而用之。甘其食，美其服，安其居，樂其俗。鄰國相望，雞犬之聲相聞，民至老死不相往來。

——《老子．八十章》

「使有什伯之器而不用」，說明老子生活的時代，老百姓已經懂得用各種器具機械來代替人力，使生活更便利，但老子建議盡量不用，為什麼呢？《莊子．天道》裡有一個故事，孔子的學生子貢要到楚國去，經過漢水南岸，看到一個老人家抱個甕澆菜園。子貢建議他，你這樣太累了，應該用一種桔槔，等於抽水機的方法，會比較方便一些。這位老人家顯然屬於道家一派，聽到了子貢這麼說，很不高興。他說，我的老師說過，使用機器的人一定會有機心，「機心存於胸中，則純白不備」，心裡常常在想怎麼樣更好，怎麼樣更有效，因此心思常常動盪不安，這樣一來，就不可能悟「道」了。道家悟「道」是要讓自己的心平靜下來，像水面一樣可以照見萬物，覺悟真實。如果花費心思老想著怎麼使用器具，怎麼更有利，會破壞心思的單純明淨，從而影響悟道。所以道家認為這些「什伯」之器要棄之不用。

接下來，雖然有車有船，民眾卻不願意乘坐，不願意遠走他鄉。古人遠走他鄉通常是為了生活的理由，或是為了求學、做官。現在許多人移民，有的是為孩子的教育，有的是為了安全感，但是到最後恐怕會覺得「不如歸去」。因為很多事情一輩子努力下來，發現得不償失，失去的比獲得的更多，或者失去的才是更值得珍惜的東西。很多人到了國外，反而每天吃燒餅油條、喝豆漿，對家鄉的懷念更為深刻。離開自己的家鄉，其實是很痛苦的。

「雖有甲兵，無所陳之」，就算有了武器裝備，也不陳列出來，因為沒有戰爭危機，人民生活平平安安。「使民復結繩而用之」，古代人結繩記事，還沒有文字。發明了文字，可以寫書，書寫多了，麻煩就來了。有人念書念了一輩子，根本脫離現實。莊子說過一個故事，齊桓公在堂上讀書，堂下有一個做輪子的工人問他讀什麼書？齊桓公說：「聖人的書啊。」再問：「聖人活著嗎？」答：「已經死了。」工人說：「死了的話，這個書就叫作糟粕，沒有用的垃圾。」換句話說，聖人真正的思想不能靠知識來傳授，而要靠覺悟。老子認為，如果用結繩記事，不要那麼多的文字知識，人反而比較容易進入生命真實的情況。

下面四句話每個人都喜歡：甘其食，美其服，安其居，樂其俗。意即每一個人都安於自己的生活，不要隨便跟別人比。請問你覺得自己的飲食香甜嗎？如果跟別人的山珍海味比，那就差太遠了。再問你覺得自己的服飾美好嗎？如果跟那些世界名牌比，你的衣服就太簡陋了。還有你住在這裡覺得居處安適，習俗歡樂嗎？有時候你看到別人奔牛節啊，丟番茄啊，或者嘉年華啊，會羨慕別人。老子認為這些都沒必要，人的快樂就在當下這一刻，不必羨慕其他人或別的地方。人活在世上不可能獲得完全的安頓、安逸，必須去除比較之心，安於自己當下的生活，接受自己的一切，才能過得比較快樂。

最後，老子說，鄰國彼此相望，雞鳴狗叫的聲音互相聽得到，而人民活到老死卻不相往來。這是什麼境界呢？因為人民沒有往來的需要。以今日來說，現代人聽不到雞鳴狗叫，聽到的都是隔壁電視機的聲音。有時候跟鄰居來往，就會比較，你一個月賺多少錢？你孩子念哪一所學校？比來比去，勝過別人就高興，不如別人就沮喪，實在沒有必要。所以老子說，乾脆活到老死都不相往來算了。這是反對社會溝通嗎？不是。你可以溝通，但是不要讓那些外在的東西進入你的內心，影響你的內心，這是重點。莊子說，人怎麼可能沒有感情呢，人的感情總有各種起伏變化，但不要讓感情影響到你內心的平靜。《論語．顏淵》記載曾子說：「君子以文會友，以友輔仁。」談的都是心靈智慧的結晶，大家共勉互期，進而啟發自己，這才是有益的交流。一旦離開這個範圍，回到日常生活瑣碎的事件中，則人與人的互動恐怕會扯出很多是非和八卦。

老子理想的社會是「小國寡民」，沒有流離遷徙，沒有武力戰爭；雖有文明產品，卻能視而不見，無所用之；人民各安其位，活得單純快樂，不怎麼相互來往。這樣的理想在今天已經不可能做到了。時代一路往前走，歷史不可能倒退。文明日新月異，人生的複雜與苦惱也趨於無解。但還是要記得老子的理想，懂得收斂各種欲望，知道什麼是公領域，什麼是私領域，跟別人相處，大家客客氣氣地來往，不用羨慕別人，也不要以為自己勝過別人，每個人都安於自己的生活，體會到活在當下的樂趣，讓自己的生命處於甘美安樂的狀態中。

【反戰思想】

許多學派都談到反戰思想。以儒家為例，孔子對於管仲特別推崇，原因之一是管仲在春秋初期幫助齊桓公用外交手段避免了戰爭，從而使老百姓免於災難。因為戰爭一來，天下大亂，死傷慘重的是無辜百姓。孟子說得更直接，「善戰者服上刑」，善於打仗的人要受到最重的懲罰，為什麼？殺戮太重。

老子也是反戰的，但他的想法和儒家的仁政理想不一樣。老子這樣看待戰爭：

「武力是不吉利的東西，人民都厭惡它，所以悟道的人不接納它。君子平時重視左方，使用

原 夫兵者，不祥之器。物或惡之，故有道者不處。君子居則貴左，用兵則貴右。故兵者不祥之器，非君子之器。不得已而用之，恬淡為上。勝而不美，而美之者，是樂殺人。夫樂殺人者，則不可得志於天下矣。吉事尚左，凶事尚右。偏將軍居左，上將軍居右，言以喪

武力時就重視右方。武力是不吉利的東西，不是君子的工具，如果不得已要使用它，最好淡然處之。勝利了不要得意，如果得意，就是喜歡殺人。喜歡殺人的人，就不可能在天下得到成功。吉慶的事以左方為上，凶喪的事以右方為上。副將軍站在左邊，上將軍站在右邊。這是說，作戰要以喪禮來處置。殺人眾多，要以悲哀的心情來看待，戰勝要以喪禮來處置。」

「兵」就是武力，是不祥之器。老子說：軍隊所過之處，長滿了荊棘；大戰之後，必定出現荒年。古代是農業社會，一旦打仗，不能農耕，不能收成，對百姓的生存造成很大的威脅。古代有很多例子，打仗之後，人死了沒法埋葬，接著

禮處之。殺人之眾，以悲哀泣之，戰勝以喪禮處之。

——《老子‧三十一章》

原 師之所處，荊棘生焉。大軍之後，必有凶年。

——《老子‧三十章》

各種傳染病、瘟疫紛紛出現，到頭來還是百姓遭殃。

君子平常「貴左」，使用武力的時候「貴右」。這裡的左右之分大概源於古人「左陽右陰」的觀念。左主陽，陽代表生命可以成長，主生；右主陰，陰代表生命結束，主殺。例如一年四季，春夏代表生，萬物生長；秋冬代表殺，萬物凋零。古時候有句話叫「秋後算帳」，死刑犯在秋天處決，因為萬物到了秋天開始慢慢收縮，樹葉飄落，生命凋零，都要配合季節。後面說到「吉事尚左，凶事尚右」，「偏將軍居左，上將軍居右」也是一樣的道理。戰爭是凶事，主持戰爭的上將軍居右，因為右主殺。

接下來老子連說了三個「不得已」。人生總有不得已的事，有時候打仗也是出於不得已。別人侵略你，你必須防衛。但這時一定要淡然處之，絕不能興高采烈，以為自己勝利了。要知道，打仗是不得已的事情，不到萬不得已，絕對不做。勝利之後呢，也不要得意。法國有個著名的建築物凱旋門，是打仗勝利之後蓋的，好讓天下人都知道自己打仗贏了。但在第二次世界大戰中，法國一開始輸得很慘，當然是被侵略的。我們中國也是被侵略的，後來打贏了，大家歡欣鼓舞。我們要問的是，為什麼要讓戰爭發生呢？為什麼不能一開始就遏止它呢？

在老子看來，如果打仗贏了很得意，代表你喜歡殺人，喜歡殺人的人不可能得到天下人的支持。所以軍人出身者不要碰政治，帶兵打仗那一套在文官系統裡面是行不通的。老子兩次提到以「喪禮處之」，表明戰爭即喪事，即使打勝仗，照樣是用喪事來處理，因為死了太多人，打仗沒有真正的贏家。這種說法完全是反戰的。但是，這個反戰思想絕不是投降主義，而是老子非常具體的處事態度。這裡提到的「不得已」通常是指防禦性的戰爭，非打不可，目的是要維護國家的安全和人民的幸福。但即使這樣的戰爭，打贏了也是一場喪禮，許多人的生命因此消失了，這是最悲慘的事。

莊子也對戰爭提出很多批評，其中一個故事讓人印象深刻。有一個國君想稱霸天下，莊子說，假設有一份各國聯合簽署的契約，哪位國君拿到契約就可以號令天下，好像金庸小說裡的屠龍刀一樣，號令天下，莫敢不從。但有一個條件，你左手拿到這份契約，右手要被砍掉；右手拿到這份契約，左手要被砍掉。換句話說，你兩隻手，哪一隻手拿，另一隻手就要被砍掉。結果弄到最後沒有人要拿了。為什麼？我得到天下，失去我的一隻手，想一想，算了，我的手還是更重要一些，每天洗臉、洗澡、拿東西、寫文章，多麼親近。天下給我，可是讓我的手少了一隻，划不來。莊子很調皮，他用這種方式讓國君反省，戰爭有必要嗎？得到再多的土地臣民，稱霸天下，有什麼意義呢？人的生命是最可貴的，活著都來不及了，何況還要打仗，消滅很多人的生命呢？根本沒有必要。但是道家也會說三個字「不得已」，但是不得已的底限在哪裡？這是考驗我們的問題。

【民不畏死】

「民不畏死，奈何以死懼之？」老子說的這句話，千百年來都在提醒統治者，不要把百姓逼得太過分了。老百姓被逼向窮途，活不下去了，連死亡都不害怕了，認為活著既然這麼勞苦、疲憊，跟死了也差不多，不如起來造反，所謂「官逼民反」。不僅中國古代，西方古代也是一樣。人民被逼上絕路，就會起來革命，而把老百姓逼到這一步的統治者，自己也免不了悲慘的下場：

「人民不害怕死亡的時候，怎麼可以用死亡來恐嚇他們呢？如果讓人民真的害怕死亡，對那些搗亂的人，我就可以抓來殺掉，那麼誰還敢再

原 民不畏死，奈何以死懼之？若使民常畏死，而為奇者，吾得執而殺之，

搗亂？總有行刑官執行殺人，代替行刑官殺人的人，就像代替大木匠砍木頭一樣。代替大木匠砍木頭的，很少有不砍傷自己手的。」

每個人都怕死，這是生物本能。有些人威脅別人，最大的恐嚇就是：「小心啊，再囉唆我把你殺了。」恐嚇的最後手段，是要殺人取命。但是如果這個人不怕死，又怎麼恐嚇他呢？「民不畏死」是亂世百姓的心聲。苛政是最大的死亡威脅。「苛政猛於虎」的故事說：孔子帶著弟子經過一片竹林，聽到有女人在哭，於是問她為什麼哭，她說她公公、丈夫、兒子全被老虎咬死了。孔子問她為什麼不搬到城裡住？她回答，不行，因為城裡的苛政比老虎還厲害。住在樹林裡只有

孰敢？常有司殺者殺。夫代司殺者殺，是代大匠斲，夫代大匠斲者，希有不傷其手矣。

——《老子．七十四章》

老虎的威脅，大不了一死了之；住在城裡，被貪官汙吏虐待欺負，更是難熬。

所以，「民不畏死」的背景是民不聊生，甚至生不如死，這時候老百姓沒什麼好怕的。如果統治者不思考這樣的背景，不趕緊行仁政，反而動不動恐嚇老百姓「不聽話就殺」，到最後老百姓恐怕就要豁出性命，起來造反了。「以殺止亂」，無異於緣木求魚。老子說過：

「人民陷於飢餓，是由於統治者吃掉太多賦稅，所以才陷於飢餓。人民難以治理，是由於統治者喜歡有所作為，因此難以治理。人民輕易赴死，是由於統治者生活奉養豐厚，因此輕易赴死。」

原 民之飢，以其上食稅之多，是以飢。民之難治，以其上之有為，是以難治。民之輕死，以其上求生之厚，是以輕死。

——《老子・七十五章》

民之飢、難治、輕死，一層比一層嚴重，而每一層的現象都是居於上位的統治者造成的。首先，統治者抽稅太重，人民窮困飢餓。現在西方先進國家動輒抽稅三、四成，但是他們的社會福利作得好，百姓想通了也願意配合。最怕是橫徵暴斂過後，又不管百姓死活，而這正是老子時代的真實處境。

其次，統治者有所作為，人民不堪其擾，從消極抵抗到積極反抗，結果則是難治。什麼是有所作為？築長城、修運河、蓋宮殿。耗費大量人力、物力、財力，老百姓不堪重負，當然很難治理。

最後，統治者生活奢侈，錦衣玉食，把民脂民膏都刮盡了，百姓所剩無幾，還活著幹什麼？

自古以來，許多文人以詩詞描寫「傷農家」，替老百姓難過。他們一輩子辛辛苦苦，還是不得溫飽，就是因為上頭層層收稅，統治者作威作福。明末清初哲學家黃宗羲所寫的《明夷待訪錄》清楚指出，整個中國歷史上的一大害蟲，是帝王制度。可惜當時少有人發覺此一思想的重要。「明夷」是《易經》第二十六卦

「地火明夷（䷣）」；地（☷）在上而火（☲）在下，代表天色黑暗，光明被壓制住，天下大亂；「待訪」是等待人們了解。

黃宗羲的觀察很正確，中國歷史最大的問題在於皇帝。一開始，天子是沒有人願意當的，像堯、舜、禹，都是禪讓。大禹八年在外，三過家門而不入，「腓無胈，脛無毛」，大腿沒肉，小腿無毛。為什麼？替百姓服務，治水治得太勞累了。

後來，慢慢愈往後發展，帝王愈養尊處優，不可能再像堯、舜、禹那樣為百姓著想了，所想的都是怎麼「利吾國」，怎麼掌握權力。孟子見梁惠王，梁惠王說，老先生不遠千里而來，「亦將有以利吾國乎」，你對我們梁國有什麼好處呢？孟子說：「王何必曰利？亦有仁義而已矣。」大王你何必跟我言利呢，我們只要靠仁義就夠了。如果每一個人都只想看「利」，「上下交爭利」，天下一定大亂。反之，大家講仁義，尤其君主要講仁義，行為端正，以身作則，天下才能和諧。

可惜儒家的「仁政」，幾千年來一直只是束之高閣的理想而已，陽儒陰法，外儒內法，自從法家出現以後，就抓住了人性的弱點，倡導尊君卑臣。要讓大家都快樂不太可能，但是要讓一個人快樂卻很容易，天下老百姓出錢出力讓帝王一人享受，讓他一人掌握權力，老百姓只能做牛做馬，供養皇帝和朝廷大小百官，經過層層盤剝，猶如一頭牛被扒了幾層皮一樣。

讀書人自小雖熟讀聖賢經典，應試中第而入朝為官。最後卻發現遵循聖人之道來教化百姓沒有前途，必須同流合汙才有前途，只得接受了這個遊戲規則，逐漸腐化。有的老老實實為百姓服務的清官，如海瑞，反倒落了個罷官的下場。於是幾千年下來，百姓大多在受苦受難，最後只好藉佛教來尋求心靈安慰。中國漢代之後的社會，就是靠著佛教的力量，讓百姓學會接受與認命。印度的情況也是如此，他們的種姓制度把人一生下來就分為四等，一輩子也不能翻身，只好從宗教中找到超越生死、煩惱的力量。

老子的理想是「聖人統治者」，統治者因為領悟了「道」，依據「道」來治理百姓，不會出問題。不過，這一想法猶如柏拉圖所謂的「哲學家君王」，統治者既是哲學家又是君王，二者在現實世界中恐怕都難以實現，所以才會出現「民不畏死」、「民之輕死」的現象。

最後，老子說，人的生死是由自然法則決定的，猶如自然的行刑官。每一個人都有天賦的壽命，該活幾歲，就活幾歲，這叫「常有司殺者殺」。「司殺者」就是自然的力量。而統治者如果想藉口替天來殺老百姓——所謂「代司殺者殺」，就等於代替大木匠來砍木頭一樣，反而會傷到自己的手。因為他違背自然法則，只能自尋死路。所以，作為統治者，不要以為自己手握大權，可以決定人民的生死，就隨便殺人。民不畏死，奈何以死懼之？

第四講

聖人之道

人間多數的困擾都是人類自己造成的。聖人的作為是效法「天之道」，有所作為而不仗恃己力，有所成就而不自居有功。

《老子》其實是一本難解的書，理解這本書的關鍵詞有兩個：一個是「道」，一個是「聖人」。

老子所說的「聖人」和儒家的「聖人」不同。儒家的聖人強調的是德行修養達到最高境界，展現出偉大的效果，所謂「化民成俗」，「大而化之之謂聖」。他們的聖人往往是古代的聖王或是重要的大臣，是身先天下，為百姓謀福利者。道家則不同，「聖人」在《老子》裡指的是悟「道」的統治者。成為聖人有前提：第一，必須悟「道」。悟「道」之後才能成為道家的聖人；第二，必須是統治者。非統治者的話，效果表現不出來。道家的聖人智慧都特別高，所表現出來的作為也是一般人難以想像的。

【自我反省】

《老子》一書八十一章，有二十四章提到「聖人」，另外還有「我」、

「吾」、「有道者」這些類似的概念，合計起來，共占了四十章——全書的一半——可知它的分量了。

聖人有什麼祕訣呢？首先是要自我反省。「知道而不自以為知道，最好；不知道而自以為知道，就是缺點。聖人沒有缺點，因為他把缺點當成缺點。正因為他把缺點當作缺點，所以他沒有缺點。」

這段話有二十六個字，出現七個「病」字：「病」指缺點，不是生病的意思。生病是身體發生了狀況，缺點指人的言行。為什麼「病病」可以「不病」？有一句俗話「久病成良醫」，許多人身體健康，沒生過病，一生病就一命歸西了；

原 知不知，尚矣；不知知，病也。聖人不病，以其病病。夫唯病病，是以不病。

——《老子・七十一章》

反之，把病當作病，才會小心對付它。聖人之所以沒有缺點，因為他把缺點當成缺點，自然會設法避開或加以改善。為什麼一般人缺點多呢？因為他不把缺點當缺點，甚至找了各種藉口理由來掩飾，到最後缺點愈來愈嚴重，一輩子也改不了。

缺點是什麼？「不知知」，不知道而自以為知道。我們一般人都容易犯這個毛病，太過主觀、帶有成見，不容易認可別人的想法。例如我打開電視，看見某些人在談話時，馬上轉換頻道，因為覺得他講的話很沒道理；事實上多聽幾次會發現，他也有他的理由。不過，我也有我的立場，對我有利的話我才苟同。同樣一件事，往往只看到對自己有利的一面，然後專從負面批評別人，而別人也採取同樣的方式來對付你，搞到最後大家都很辛苦，天下也難免混亂了。

聖人卻是「知不知」，知道了卻不自以為知道。因為我所知道的恐怕只是事物的某一部分、某一側面、某一階段而已，不自以為知道，就會不斷上進。

莎士比亞說：「愚者總以為自己聰明，智者卻知道自己愚昧。」真正有智慧的人會覺得自己無知，這樣他才會不斷學習，獲得新的知識。蘇格拉底說過一句話：「我只知道一件事，就是我一無所知。」此話一出，整個雅典黯然失色。這件事的緣由是蘇格拉底的學生求問阿波羅神：「雅典誰最聰明？」得到的答案是蘇格拉底。蘇格拉底認為一定是神弄錯了。所以帶著學生訪問各界名人，包括政治領袖、文藝界的詩人、科學界的專家等。最後他明白了，他說：「為什麼神認為我最聰明呢？因為所有的人裡面，只有我知道一件事，那就是我一無所知。」換句話說，所有的人連自己不知道都不知道，只有蘇格拉底知道自己不知道，所以他最聰明。這是蘇格拉底的自知之明。

真正的知識來自「我知道自己不知道」，然後才開始有真正的了解。像孔子說的「知之為知之，不知為不知，是知也」，最後那個「知」是明智的意思；知道就是知道，不知道就承認不知道，實事求是才是明智的。聖人如果有什麼祕訣，第一個祕訣是能夠自我反省，把「不知道而自以為知道」當作缺點，避免犯這種錯誤。

【被褐懷玉】

聖人的另一個特點是：「被褐懷玉」，外表穿著粗布衣裳，懷裡卻揣著美玉。這個詞可以代表老子的「聖人」在大眾心目中的形象：

「我的言論很容易了解，也很容易實踐。天下人卻沒辦法了解，也沒辦法實踐。言論有宗旨，行事有根據。正是因為無知，所以不了解我。能了解我的很少見，能效法我的很可貴。因此，聖人外面穿著粗衣，懷裡揣著美玉。」

老子說：「我的言論很容易了解，也很容易實踐。」什麼樣的言論呢？減少欲望。不要有過度的欲望，知足知止，一切順著本性和稟賦發

原 吾言甚易知，甚易行。天下莫能知，莫能行。言有宗，事有君。夫唯無知，是以不我知。知我者希，則我者貴。是以聖人被褐懷玉。

——《老子．七十章》

展，一切回歸到自己如此的狀態；你所做的，只是「無心而為」與「無所作為」，由此延伸出柔弱、順從、不爭的表現，確實可以說是易知、易行。可惜，「減少欲望」很少有人能做到，許多人一輩子都陷於欲望的追逐之中，但得到之後會快樂嗎？不一定。例如我們經常有一些執著，看到好東西就想據為己有，得到之後卻棄之如敝屣，毫不在乎；隔一段時間又會出現更想要的東西，心態一直處於變化之中，飽受不安定之苦。反之，如果能與根源結合的話，世界上就沒有什麼東西是非要不可的了，世間的一切榮華富貴好像《莊子．寓言》裡提及的「如觀雀、蚊虻相過乎前也」，看著鳥雀、蚊子從眼前飛過，根本不放在心上。

現代人對「道」太陌生了，不僅遺忘了「道」，連「德」（本性與天賦）也一併迷失了。社會上許多人以「德」為工具，換取外在短暫的利益，即使成功了，也是不可替代的失敗，因為他的所作所為完全背離了「道」。所以老子感嘆說：「天下沒有人可以了解，也沒有人可以實踐。」當然這句話說得過於誇張了，至少老子之後，莊子做到了。孔子說：「吾未見好德如好色者也。」其實他的學生顏淵就能做到。顏淵怎麼可能喜歡美色超過美德呢？不可能。老子和孔子這麼說，是為了強調它的重要性，而不在於它合不合邏輯。

「言有宗，事有君」，說話要有宗旨，做事要有根據，這六個字可以當成座右銘。人年輕的時候，經常意氣用事，說話時常不假思索，脫口而出，往往對人對己造成傷害。說話有宗旨，也指言簡意賅，不要說廢話，和別人相處才不會產生太多困擾。「事有君」，做任何事都有根據、有原則。人做一件事必定有其道理，而不是靠著一時衝動。如果可以選擇這樣做或不這樣做，就表示沒有理由非這樣做不可，那麼他人也不妨有他人的作法。

老子的言論宗旨在於為世人展示「道」，而他的行事原則是保存天賦之「德」。「道」是「視之不見，聽之不聞，摶之不得」的，當然很難理解。不理解「道」，就容易忘記萬物的起源及歸宿，困陷於人間相對的價值觀中，作徒然無謂的掙扎，並在最後留下各種遺憾。所以老子說：「能了解我的很少見，能效法我的很可貴。」最後，他說出四個字「被褐懷玉」，聖人的外表和平常人一樣，好像很平凡，沒什麼特別，但他的內在不同凡響，懷裡揣著一塊美玉——智慧，只是不輕易顯露出來，免得被不識貨的人糟蹋了。

這句話很深刻，耶穌在《聖經》裡說：「你們不要把聖物給狗，也不要把你們的珠寶投在豬前，怕牠們用腳踐踏了珠寶，而又轉過來咬傷你們。」什麼意思呢？宗教裡有很多教義是很珍貴的，不要輕易對別人說；如果輕易說了，可能引來別人的嘲笑或侮辱。向沒有準備好的人宣傳教義，往往會招來一些輕慢的話。所以「聖人被褐懷玉」，我們有什麼珍寶或心得的時候，不要急著讓他人知道，否則他人不懂得欣賞，反過頭來說一些輕蔑的話，那就很可惜了。

【不為物役】

我們生活在快速變化的時代，注意力大多被分散到外面的花花世界，常因為外在的誘惑而引發自己的困擾。聖人會從自身著手來化解這些問題，自己先「去甚、去奢、去泰」，採取防禦措施，避免被外物所役：

「想要治理天下而有所作為，我看他是不能達到目的了。天下是個神妙之物，對它不可以有為，不可以控制。有為就會落敗，控制就會失去。所以，一切事物有的前行，有的後隨；有的性緩，有的性急；有的強壯，有的瘦弱；有的成功，有的失敗。因此聖人要去除極端，去除奢

原 將欲取天下而為之，吾見其不得已。天下神器，不可為也，不可執也。為者敗之，執者失之。是以聖人無為，故無敗；無執，故無失。夫物或行或隨；或噓或吹；或強或羸；或載或隳。是以聖人去甚，去奢，去泰。

——《老子．二十九章》

侈，去除過度。」

「天下」指天下萬物，也包括人在內。但是談到聖人，由於他是統治者，所以這裡的天下是指人間所構成的整體。老子認為，如果統治者存心治理，那麼結局一定難以周全，不是顧此失彼，就是無法久安。例如現在要保存農業，還是發展工商業？發展工商業不但得犧牲農業，甚至還得犧牲環保，很難全面兼顧。為政者雖然看得長遠，百姓圖的卻是眼前的利益。歷代以來多少帝王將相、政治領袖，沒有人可以面面俱到，一定是某些階級滿意，另外一些階級抱怨，因為資源是有限的，不可能滿足每一個人的要求。所以最好是無心而為，順其自然。

「夫物或行或隨」的「物」是一切事物，在此特別指涉「人」的世界。世間一切各有其特色，在參差不齊中保持了整體的均衡，這就是「神器」的妙用。前行、後隨；性緩、性急；強壯、瘦弱；成功、失敗——這八種狀況兩個一組，合而觀之，是一種均衡的狀態。有些人生下來適合當領袖，那就當領袖，何必跟他爭？有些人生下來就適合在別人後面善後，又何必跑到前面呢？有些生下來個性緩慢，反應慢半拍；有些人個性很急，事情還沒發生，就跑到前頭去了。這一切沒有對錯，只有配合，人活在世界上是搭配的問題。

老子說，聖人明白了這一點，所以去除極端，去除奢侈，去除過度，只是想要回復自然如此的狀態。因為極端、奢侈、過度，必定有後遺症，樂極生悲、縱欲傷身，自古即有名訓。從這個道理可以聯想一般人對古董的態度，如果沒有占有欲，欣賞過後讚賞一番，放在一旁再給其他人看；一旦起了占有的心思就麻煩了，不知又有誰家的祖墓要遭殃。

有個故事，古時候有個富人，家裡有好幾座倉庫都堆滿各種金銀珠寶。他的窮朋友對他說：「你的金銀珠寶能不能借我看一看？」他說：「當然可以，不過你不能拿。」窮朋友答應絕不拿，這個人就帶他的朋友進倉庫看。出來之後，窮朋友說：「我現在跟你一樣有錢了。」他嚇了一跳：「怎麼會呢？你什麼都沒拿呀，怎麼會跟我一樣有錢呢？」窮朋友說：「你這些財寶是用來看的，我進去看了一遍之後，不就跟你一樣有錢了嗎？」這話很有道理，我們想一想，當初這個有錢人的財寶，現在在哪裡呢？當然早已落到別人手上，或許由他的子女繼承了；或許子孫不孝，富不過三代，家產被變賣；又或者打仗時全被人搶走了；或是陪葬後慘遭掘墓而遺失各處了。那麼，為什麼還一定要追求呢？

人的一生經常被外在的刺激引發熱情，清醒的時候，已經人過中年。例如為了看世界杯足球賽，可以徹夜不眠，事過境遷之後，發現這只是熱情的發散。社會上也有很多事情，讓大家跟著起舞。而真正自由的社會，應該維護每個人基本的生命尊嚴，讓人有更多時間善度自己的生活。可惜現在不是，反而放任各種傳播媒體，讓每個人忘記內心的需求。

幾年前報紙刊載，臺灣每三個小時就有一個人自殺。為什麼自殺問題這麼嚴重？因為大家注意的往往是外在的成就，忽略了對自己內心的了解、反省、訓練和培養，一碰到挫折就無法承受。這時候，如果我們能夠回歸內心，想得遠一點，考慮老子所說的「去甚、去奢、去泰」，減少外界的干擾，不讓心靈被外物所困，生命才可能達到自由的境界。

【內在覺悟】

「不出戶，知天下」這句話，在今天看來不是難事。打開報紙、電視，或者上網就全部知道了。有些人甚至被稱作「宅男宅女」，很少出門，照樣知道全世界發生了什麼事。但是在兩千多年前沒有報紙、電視、網際網路，信息交流很不發達的年代，老子說出這樣的話，不是很奇怪嗎？

「不出大門可以知道天下事理，不望窗外可以看見自然規律，走出戶外愈遠，領悟道理愈少。因此聖人不必經歷就知道，不必親自見到就明白，不必去做就成功。」

原 不出戶，知天下；不窺牖，見天道。其出彌遠，其知彌少。是以聖人不行而知，不見而明，不為而成。

——《老子・四十七章》

「不出戶，知天下」是針對人間而言。古人大門不出，二門不邁，何以知道天下的事理？答案很簡單，人與人相處的困難從家庭開始，家庭的人際關係是最複雜的。以前的大家庭常見三、四代同堂。如何與眾多親人和諧相處，是一大挑戰。因此，只要留意自己與家人相處的情況，推到天下去看，也是大同小異。換句話說，天下人怎麼過日子，其實從一家人怎麼過日子就可以知道，整個國家社會的縮影就是一個小家庭。老子的觀念是整體的，宇宙叫作大宇宙，我們每一個人都是小宇宙。我怎麼了解別人呢？先真正了解自己，了解自己的喜怒哀樂，自己有什麼樣的欲望，自己這一生的奮鬥目標，就會知道，我自己這樣想，別人也大同小異，所以要能夠體諒和理解別人。而家庭裡人與人的相處，推到社會上也差不多，每個人都希望受到尊重、肯定，希望找到合適的機會發展自己，所以由近觀遠，不必到外頭，即使關在屋裡，也能通過觀察和內省，來通曉天下的事理。

第二句話「不窺牖，見天道」是針對自然界而言。「牖」是窗戶，我不用看窗外就知道宇宙的運行規則。如同西方哲學家史賓諾莎說的，「你給我一片小小的木頭，我就可以知道整個宇宙。」為什麼？因為一塊木頭是從一棵樹來的，木頭上的年輪和印跡，可以反映這棵樹的生長過程；而一棵樹反映出一座山；一座山又反映出一個地球；一個地球反映的是全宇宙。換句話說，把一片小小的木頭了解透徹了，整個宇宙的情況都知道了。「一粒細沙看世界」絕不是詩人的想像，而是事實。老子在兩千多年前就能有這種思想境界，真是讓人佩服。他說的道理跟我們現代人用高科技研究出來的一樣。從一個分子裡能知道宇宙萬物的結構。你把小事情研究透了，大事情的規律也就掌握了。所以，身邊的任何事情，留心就是學問。

老子接著說：「走出戶外愈遠，領悟到的愈少。」我經常拿這句話當藉口，很多朋友問我要不要去旅遊，去參觀某個景點，我就用「其出彌遠，其知彌少」來迴避。為什麼？一方面我的時間緊湊，總覺得有許多工作要做，很難輕鬆旅遊；另一方面，我旅遊會先作準備，把當地的歷史背景、地理環境、人文特色全部了解之後，再去看一看，就懂了。否則旅遊的時候只是浮光掠影，走馬觀花，回來之後問你看到了什麼？不知道，留下幾張照片而已。相反的，我在家裡查查百科全書，認真蒐集資料，說不定比去當地旅遊還能了解得更多。當然，很多人說「百聞不如一見」、「讀萬卷書，不如行萬里路」。這些我都沒意見，只不過要記得老子的提醒，不管怎麼作，人的「知」一定要以自我內省為前提，從內在把握自己看到、聽到的東西，了解事物深刻的部分；若是沒有「自知」，其他一切實在可有可無。

最後老子還是把聖人提出來了。他說「聖人不必經歷就知道，不必親見就明白，不必做就成功了。」我們一般人一定要自己親自經歷、看到、實踐、才能了解事情是怎麼一回事。「事非經過不知難」。聖人為什麼跟我們不一樣呢？因為他可以從自己身邊的事情，從微小的事物當中推演、了解和深入觀察，從而想見人間社會和自然的各種運作規律。

這就是道家跟儒家思想的差別。儒家重視德行的修養，追求從真誠到行善；

道家重視智慧的覺悟，做不做善事是另一回事，先覺悟什麼是善，一旦覺悟，行為自然立刻改變。道家是把焦點從外面拉到內在，先求內在覺悟，從身邊許多小事情、小地方了解透徹之後，再推擴到整個天下宇宙萬物，因為在「道」的層面，一切都是相通的。

【處下居後】

在老子看來，人的社會是一個群體，人與人之間要分工合作，有人當領導，有人被領導。聖人就是悟「道」的領導者：

「江海所以能成為百川歸往之處，是因為它善於處在低下的位置，這樣才能夠讓百川歸往。因此，聖人想要居於人民之上，一定要言語謙下；想要居於人民之前，一定要退讓於後。如此，聖人居於上位而人民不覺得有負擔；站到前列而人民不覺得有妨礙。於是天下人樂於擁戴他而不會嫌棄。因為他不與人爭，所以天下沒有人能夠與他爭。」

原 江海所以能為百谷王者，以其善下之，故能為百谷王。是以聖人欲上民，必以言下之；欲先民，必以身後之。是以聖人處上而民不重，處前而民不害。是以天下樂推而不厭。以其不爭，故天下莫能與之爭。

——《老子．六十六章》

老子很喜歡水的品質，「水善利萬物而不爭」，萬物需要它，水就設法配合。在這裡老子先用江海作比喻，江為什麼源遠流長呢？海為什麼廣大無邊呢？因為它們的位置最低。位置低，別的支流才能夠匯進去。聖人要學習江海的品質，如果想居於人民之上，就要說話謙虛，愈謙虛百姓愈喜歡。《易經》裡有「謙卦」（䷎），六爻「非吉則利」，卦象上面是地（☷），下面是山（☶），亦即高山深藏於大地之下。山本來非常高聳，可以讓別人仰望，現在到地底下去了，表現出跟大地一樣的特色，柔和而順從。人也是一樣，愈是自視卑下，別人愈尊重他；人地位愈高，言語愈要謙和。因為你已經處在很高的位置了，何必還要那麼狂妄囂張呢？

另一方面，聖人想要居於人民之前，站到最前面的位置，就要退讓於後，請別人先走。有福大家先享，不與民爭利，這才是高明的統治。《論語》裡孔子和四個學生談志向，子路第一個說話，他說如果讓他治國，一定可以讓國家在幾年之內富強安樂。孔子聽完，笑了一下，其實是笑他太天真了。孔子說治理國家要以「禮」，「禮」的本質是「讓」。既然要治國，自己先要禮讓。你現在說話一點都不謙虛，豈不是違背了這個原則？《孟子》裡提到心有四端：惻隱之心、羞惡之心、辭讓之心、是非之心。「辭讓之心」代表「禮」，光是行禮如儀還不夠，必須心中有所辭讓，能夠恭敬，才是「禮」的內涵。

聖人是悟道的統治者。他覺悟了什麼是「道」，然後按照「道」的啟示來統治老百姓。這種統治就是「無為而治」，老百姓自己就改變了，自己就走上正路了。所以老子說：「聖人站在上位，人民不覺得有負擔」，不會覺得他一來，我們有壓力了；「聖人站在最前面，人民不會覺得有妨礙」，還是照樣過自己的生活，做自己的事。

《莊子》裡講到，有人請教老子該怎麼修養？老子說：「我看你這一路上，到了旅館，別人看到你都讓座，對你很尊敬，旅館老闆還送毛巾讓你擦臉，這說明你外表跟別人差別太大，非得裝出大官的樣子，或者富貴人家的派頭。這樣是不對的。人修養到最後，應該讓別人覺得你跟大家完全沒有分別。」這個人聽了很受用，就開始修練。後來他住旅館，別人和他搶位置坐，因為沒有把他看成大人物，不會覺得在這個人面前，我要特別謹慎小心。老子認為，這個時候你的修養就成功了。你在任何地方都可以跟別人打成一片，大家和你在一起好像沒有什麼壓力，也不需要特別警惕或戒備，這樣一來，當然皆大歡喜。人本來就在宇宙裡面，大家都一樣，只是扮演不同的角色，有不一樣的功能而已。

老子最後說：「這樣的人，天下人樂於擁戴他而不會嫌棄，因為他不與人爭，所以天下沒有人可以跟他爭。」《莊子》裡有「讓王」的故事。國君要把王位讓給別人，結果很多人逃都來不及。為什麼？他不要當王，他喜歡當老百姓。真正的領袖不會讓老百姓覺得他在統治大家，真正的領袖一定讓自己處在最低的位置，這樣才能夠海納百川，無所不容。所謂「宰相肚裡能撐船」，宰相尚且如此，何況是真正的領導者。其實不見得當領袖才這樣，我們每一個人都可以如此。

【為而不爭】

《老子》最後一章也提到聖人：

「聖人沒有任何保留，盡量幫助別人，自己反而更充足；盡量給予別人，自己反而更豐富。自然的法則，是有利萬物而不加以損害；聖人的作風，是完成任務，而不與人競爭。」

這段話讀來令人感動。請問什麼樣的東西是盡量幫助別人，自己反而更充足的？盡量給予別人，自己反而更豐富的？如果是物質財富，假設我有十塊錢，給你五塊，我剩五塊，怎麼可能給了之後更多呢？所以一定不是物質、而是精神。

例如愛心，人愈關懷別人，他的愛心愈豐

原 聖人不積，既以為人己愈有，既以與人己愈多。天之道，利而不害；聖人之道，為而不爭。

——《老子・八十一章》

富，助人的能量也愈大。這個能量不是從外面得來的，而是從內在開發出來的。相反的，如果從來不關心別人，愛心就根本沒有能力湧現出來，當他看到別人有困難時，也不知道該怎麼幫忙。

西方有一句話說得好：「物質有時而窮，精神愈用愈出」。衣服穿久了，舊了；東西用久了，壞了，這叫「物質有時而窮」。精神愈用愈出，很多人讀書有這種體會，剛開始看不懂，後來愈看愈懂，愈喜歡讀書愈不覺得勞累，讀書也是一種精神作用。

再例如德蕾莎修女，她在印度幫助窮人，每天付出那麼多關懷，雖然身體疲憊，但是精神的力量源源不絕。愈關懷別人，愈知道怎麼關懷是對的。從關懷少數人，到關懷每一個人，都覺得綽綽有餘，因為這本身變成了靈性生命的展現。

由此可知，老子對「道」的理解，也是從靈性上來考慮的。「道」等於超越界，靈性就是人類身、心之上超越的部分。這個超越的部分並不排斥身、心，而是完全讓身、心適當運作。身、心會勞累也有限制，但是靈可以完成它們的目的，讓它們永遠不覺得勞累。聖人既然領悟了「道」，就不會吝於與人分享心靈方面的資源，會盡量關懷並給予別人。這樣一來，自己反而更充足。

老子說聖人效法的是「天」。「天」代表整個自然界的法則，「天之道，利而不害」，只幫助人，不損害人。因此聖人的作風是做該做的事，完成任務而不與人競爭。

《莊子‧天道》說：「天道運而無所積，故萬物成；帝道運而無所積，故天下歸；聖道運而無所積，故海內平。」

其含義就是不要積存，不要保留，不要停滯，一切都在活動之中。例如現在擁有的事物，以前可能沒有，將來也可能消失；有多就有少、有得就有失，有來就有去。所以，要讓萬物不斷運作、活動，不必想要積存什麼。

「自然的法則，是減去有餘的並且補上不足的。人世的作風就不是如此，是減損不足的，用來供給有餘的，誰能夠把有餘的拿來供給天下人呢？只有悟『道』的人能夠如此。因此，聖人有所作為而不仗恃己力，有所成就而不自居有功，他不願意表現自己的過人之處。」

天之道，是損有餘而補不足，要保持自然生態的平衡。春夏秋冬是最明顯的例子，熱，熱到頭了，秋天來了；冷，冷到底了，春天來了。人的世界正好相反，「損不足，以奉有餘」，「西瓜偎大邊」，愈窮困愈沒人理會，愈富有愈有人捧著，到最後貧富差距愈拉愈大，人世間不公平的狀況愈來愈嚴重。

聖人的作為是效法「天之道」，把多餘或用不完的財產分給天下人。「天之道」為什麼接近「道」呢？因為自然界沒有經過人為的汙染。一旦進入人的世界，用人的標準來衡量，一切都走樣了，到最後變成「天下本無事，庸人自擾之」，人間多數的困擾都是人類自己造成的。

原 天之道，損有餘而補不足。人之道則不然，損不足以奉有餘。孰能有餘以奉天下？唯有道者。是以聖人為而不恃，功成而不處，其不欲見賢。

——《老子・七十七章》

第五講

老子的道

道家所強調的不只真誠而已，更強調「真」，亦即突破人類中心的格局，看到宇宙萬物的整體性，從永恆和無限的層面觀察世界，以無心的態度順其自然。

中國傳統文化有兩大支柱，一是儒家，一是道家。一般認為，儒家比較強調倫理學，重視道德修養；道家則強調智慧的覺悟和解脫。兩者的不同，可以用三個簡單觀念來加以分辨。

【儒道之別】

第一，儒家以人為中心，強調人的社會性；道家不以人為中心，重視人的自然性。道家出現在春秋戰國時代。當時是亂世，兵荒馬亂，老百姓苦不堪言。當時的人必須思考的問題是：天下如此紛亂，如何才能化解？儒家採取的路線是從政治上改革，但道家認為這種方式，就像五十步笑百步，未必有效。在亂世裡沒有人可以倖免，想活下去，必須改變思維模式。

儒家的思考方式是以人類為中心，從人的角度來設想，所以肯定我們要尊重及幫助別人，讓人類社會可以永續發展。然而以政治或教育的手段來改革人類社會，永遠無法徹底成功，因為新一代不斷出生，當舊的問題改善了，又會有新問題出現，永無止期。而且由少數人努力幫助多數人，效果必然有限。儒家思想推行到最後，常會讓大家感到很沉重、很疲乏。就算把這一代改革好了，也不知道下一代會變成什麼樣子。

道家看透了這一點，認為以人為中心思考問題，最後必定徒勞無功，不如換一個角度，超越人類本位。而超越人類本位，首先必須順其自然，盡量避免人為的造作，因為人為的造作越多，麻煩越多。例如「法令滋彰，盜賊多有」（《老子・五十七章》），設計的法規越多，就有越多的人違法；相反，如果不定法令，自然沒有所謂的違法問題，大家也可以過得更自在。又如：「天下皆知美之為美，斯惡已。皆知善之為善，斯不善已。」（《老子・二章》）定出真、善、美的標準以後，就會有不真、不善、不美出現；反之，如果還沒有標準，每個人都可以開心自在，不用刻意做好事，因為沒有所謂的好事可做；不用擔心有沒有面子，因為所要做的只是活著而已。人世間的一切都是相對的，道家的思想是要我們設法排除人類本位的想法，敞開眼界與心胸，從整個宇宙來看一切。只有不受時間與空間的拘束，心靈才可能自由逍遙。

第二，儒家以「天」為至高存在，凸顯歷史背景；道家以「道」為至高存在，展現宇宙視野。任何一派哲學對於宇宙的真相或本體都必須有所論斷。中國的傳統思想是以「天」作為宇宙的最後根源。《詩經・大雅》說「天生烝民，有物有則。民之秉彝，好是懿德」。古人稱帝王為「天子」，更是充分證明「天」在古人心目中是至高主宰。儒家承前啟後，繼承了這一觀念，把「天」當作最高存在。孔子兩次遇到困境，都把「天」擡出來，如說：「天之未喪斯文也，匡人其如予何？」（《論語・子罕》）

道家則不同，道家以「道」代替「天」，「天」則被降格為和「地」並稱，「天地」指的主要是自然界，自然界本身保持均衡狀態，問題也遠比人類社會少。然而，自然界雖然自給自足，畢竟不是最後的根源。道家認為宇宙最後的根源是「道」，「道生一，一生二，二生三，三生萬物」（《老子・四十二章》），「道」孕育萬物，是一切的起始與歸宿；「道」存在於萬物之中，卻又超越萬物，「獨立而不改，周行而不殆」。由「道」取代「天」的地位，很多西方學者據此認為，道家才是中國古代最具革命性的思想。

第三，儒家期盼「天人合德」，從向善到擇善到至善；道家則希望「與道合一」。「天人合德」的「德」是善的德行，亦即人要行善，要不斷修養德行。「與道合一」則代表人要成為有道者或行道者，覺悟了「道」，人的生命境界整個就不一樣了。如何覺悟「道」？老子的方法是「致虛極，守靜篤」（《老子·十六章》）追求虛要到達極點，守住靜要完全確實。「虛」是指排除各種感官欲望，「靜」是指人不要有什麼行動，能虛又能靜，就能空，空了之後，「道」就會顯現出它的光明。

過去認為，有三種人學習道家會比較有心得。第一種是年長的人，有了閱歷，可說是飽經風霜、見多識廣，對於人生有了更深刻的體驗；第二種是失意的人，失意的人年紀不一定大，但一路倒楣，處於逆境，對於人生的體會比較複雜；第三是非常聰明的人，從秦漢到唐宋，中國歷代的文人，許多都喜歡道家，他們的作品所用的語彙，他們的生命所展現出的情調，與崇尚儒家的文人截然不同。像蘇東坡在〈前赤壁賦〉提到的：「唯江上之清風，與山間之明月，耳得之而為聲，目遇之而成色，取之無盡，用之不竭。」這顯然是道家對大自然的欣賞，是敞開心靈與自然溝通，不像儒家主要界定在人的社會中。

但是人活在這個世界上，也不能沒有儒家作為指引。每個人都是從家庭出發，然後進入社會，因而必須設法實踐人與人之間適當的關係。如果離開儒家，可能面臨不知如何安頓自己，以及不知如何與人相處的問題。況且如果大家都走道家的路，這個社會要交給誰來擔當呢？由此觀之，儒家和道家在社會的功用上，有點分工合作的意味。

一個人如果喜歡不受約束，自由選擇他的生活方式，顯然比較傾向於道家。儒家是讓我們在社會上盡好自己的責任，重視道德修養，這容易讓人覺得有壓力。例如孔子的「知其不可而為之」，明明知道理想不能實現，還要努力去做，這是很偉大、很悲壯的情懷。長此以往，難免會覺得「何必如此辛苦」呢？這時候，如果能讓自己轉個彎，從道家的角度來看待人生，讓一切順其自然，就可以擺脫世上的許多煩惱和束縛，活得更為自在、瀟灑和愉快。

【老子是誰】

道家思想的創始人是老子。關於老子的生平背景，現在還有許多情況沒弄清楚。根據司馬遷的說法，老子是楚國苦縣厲鄉曲仁里人，姓李，名耳，字聃。他是「周守藏室之史也」，負責管理文書檔案，可以說是周朝的圖書館館長。既然他的工作是管文書檔案，一定受過高等教育，學問廣博可想而知。

《史記》記載，孔子曾「問禮於老子」。老子對孔子說，不要一天到晚老是充滿鬥志想要成就功業，想著將來要如何如何，這樣其實無益於自身，恐怕也不容易活得久；在社會上發展得好，將來難免有後遺症。孔子聽了他的話，說：「吾今日見老子，其猶龍邪。」龍可以「乘風雲而上天」，孔子認為老子的境界深不可測，高不可攀。

據說老子後來騎著青牛西出函谷關，準備隱居，半途被守關的官員攔下來，一定讓他留下幾句話。老子連夜寫成了《道德經》。當然，這是不可能的事，

《道德經》不可能一夜寫成。這本書到底是老子一個人寫的，還是多人合作的，也還沒有確定。但不管怎麼樣，老子開創了道家學派，在儒家之外，開闢了另一條更為寬廣的道路。兩者相比，儒家從較積極的態度看待人生，從真誠出發，找到做人處事的原則，達成修養的目的，對自己、對社會都有正面的貢獻。道家所強調的不只真誠而已，它更強調「真實」，亦即突破人類中心的格局，看到宇宙萬物的整體性，從永恆和無限的層面觀察世界，以無心的態度順其自然。

《道德經》（見書末附錄）又名《老子》，全書八十一章，五千餘字，歷代以來對它注解之書卻汗牛充棟，不知凡幾。在中國文化經典中，《老子》也是被譯成為西方文字最多的一本書，譯文達兩百餘種，連俄國文豪托爾斯泰和德國大哲海德格都翻譯過《老子》。可惜海德格不懂中文，只翻譯了前八章，就譯不下去了，因為中國學者給他的解釋，每個人都不一樣，最後只好停下筆來。

學習道家思想，先要理解什麼是「道」。《老子》第一章說「道，可道，非常道」，許多人念到這六個字，就念不下去了，大家都暈了頭，到底什麼是

「道」呢？

「道，可以用言語表述的，就不是永恆的道。名，可以用名稱界定的，就不是恆久的名。名稱未定之前，那是萬物的起源；名稱已定之後，那是萬物的母體。因此，總是在消解欲望時，才可看出起源的奧妙；總是在保存欲望時，才可看出母體的廣大。起源與母體，這兩者來自一處而名稱不同，都可以稱為神奇。神奇之中還有神奇，那是一切奧妙的由來。」

翻譯成白話文，意思還是很深奧。首先，「道」是老子的核心概念，所代表的是究竟真實。「道」在文言文裡，也有「說」的意思。「道，可道，非常道」，人的言語所能表述的，

原 道，可道，非常道；名，可名，非常名。無名，萬物之始；有名，萬物之母。故常無欲，以觀其妙；常有欲，以觀其徼。此兩者同出而異名，同謂之玄。玄之又玄，眾妙之門。

——《老子・一章》

都是相對真實，亦即充滿變化的事物；因此永恆的道是不可說的。講完這句，老子緊接著說「名，可名，非常名」。「道」後面為什麼立刻要講「名」呢？答案很簡單，因為是人在思考，人思考需要名稱。這是人類生命的特色。對人來說，一樣東西的存在，是從它有名稱開始的，沒有名稱等於它不存在，不是真的不存在，而是人的思考無法運作。「名以指實」，名稱用來指涉真實之物，其作用為符號或象徵，因此有調整或改變的空間。針對永恆的「道」，「名」只能說是恆久的，兩者不在同一個層次，而且名稱一經界定落實，就成為相對的名了。

名稱未定之前，無名是萬物的始源，是思想無法企及的階段；名稱定了之後，有名是萬物的母體，「母」表示有母必有子，萬物就跟著出現了。例如今天在山裡發現一種從沒見過的動物，還沒取名字，問你那是什麼動物，你只能說是「那種動物」，不能說是什麼動物，因為它還沒有名字。假設給它取名為「熊」，「熊」這個名稱出現之後，才能用來指具體的這隻熊或那隻熊。「名」與「萬物」是同時出現的母子關係。

「無欲，以觀其妙」，人在沒有任何欲望，沒有任何主觀成見的時候，才可以是什麼就看見什麼，才能了解起源的奧妙。這句是針對「萬物之始」說的。「有欲，以觀其徼」，「徼」指母體廣大的範圍。母體可以生生不息，衍生萬物。「有欲」才能看到「有名」造成的萬物到底有多大。這句是針對「萬物之母」說的。例如我想知道狗的能耐，要安排各種情況來測試，了解牠可以聽到多遠的聲音，看到多遠的景觀。這就叫「有欲，以觀其徼」，等於萬物的作用，需要人的介入才能了解。人如果完全「無欲」，注意力就沒有焦點，「有欲」才會想知道萬物有什麼限制、範圍多大，才能了解得比較正確。

「無欲」和「有欲」都是針對人的意志欲求而言。很多人質疑，老子怎麼可能主張「有欲」呢？事實上，「欲」隨「知」而生，有「知」就有「欲」。老子反對的是一般老百姓偏差的知所帶來的偏差的欲，所以希望老百姓無知無欲；但不要忘記，老子本人或是他所謂的聖人、有道者、悟道者這些人，他們有正確的知，也會有正確的欲。因此，「有欲」並不一定是壞事。

「此兩者同出而異名，同謂之玄」，此兩者指「始」與「母」，起源和母體，它們的「名」雖不同而來源相同，都源自神奇的「常名」，常名再往上推溯，亦即玄之又玄，作為眾妙之門的「道」了。《老子》第一章的內容是老子一生仰觀俯察，了解宇宙人生道理的心得。

他首先提出「道」這個核心概念，指出「道」代表的是「究竟真實」，而人類語言和文字所表述的都是相對真實。然後，「名」衍生了萬物，有了名稱，人類的思想才能開始運作。接著講到「無名」「有名」，針對人的理智；「無欲」「有欲」，針對人的行動。有欲望，才會有某種行動，想認識這個世界。但最後目的都歸結到要欣賞「道」的奧妙。如此解讀，則全章首尾相應，層次井然。《老子》全書的後續各章皆依次充分發揮其理。

【道是什麼】

道是什麼？這是個大哉問。千古以來，恐怕沒有人能用幾句話就把它說清楚。老子談到這個問題時的描述非常特別，可以說是充分表現了古人的哲學智慧。他說：

「有一個混然一體的東西，在天地出現之前就存在了。寂靜無聲啊，空虛無形啊，它獨立長存而不改變，循環運行而不止息，可以作為天下萬物的母體。我不知道它的名字，勉強叫它作『道』，再勉強命名為『大』。它廣大無邊而周流不息，周流不息而伸展遙遠，伸展遙遠而返回本源。」

原 有物混成，先天地生。寂兮寥兮，獨立而不改，周行而不殆，可以為天下母。吾不知其名，強字之曰道，強為之名曰大。大曰逝，逝曰遠，遠曰反。

——《老子．二十五章》

這段話的意思非常豐富。首先，「道」在天地之前就存在；其次，「道」可以作為天下萬物的母體。也就是說，「道」是使天地萬物可以存在、出現的力量。「道」有什麼特色呢？老子說了兩句話：「獨立而不改，周行而不殆」。「獨立」代表它是唯一的，旁邊沒有任何其他東西，因為它本身是絕對的整體，是「究竟真實」；「不改」是不會因為任何緣故而發生變化，等於道從開始到現在，沒有任何增加或減少。「周行而不殆」是說道遍布我們所見的萬物，到處都有道，它周流循環運行，好像春夏秋冬四季循環一樣，永遠不會停下來。

「道」的這兩點特色很值得我們思考。為什麼呢？西方哲學談上帝有一個基本原則：自因——自己是自己的原因，這就是上帝。我們所見的萬物都是「他因」——需要其他東西作為原因。例如我們都是父母所生，父母就是我之外的原因，所以我是「他因」。那父母又是怎麼來的？由父母的父母把他們生下來。這樣一環一環問下去，到最後宇宙萬物都有別的東西作它的原因。「他因」有開始，那個因素就是開始，有開始就有結束。假如沒有因素使自己開始，那就是

「自因」，一定永遠存在。「自因」只有一個，在西方稱為上帝，在老子來說就是「道」。上帝之前沒有東西存在，「道」之前也沒有東西存在。「道」就是那個根源的、自己是自己的原因。

後來的莊子對老子的想法很了解。莊子講到「道」時，用了一個詞：「自本自根」，自己作為本源，自己作為根本，跟西方講上帝是「自因」，意思完全一樣。《聖經》記載，摩西帶領猶太人出埃及，他到西奈山上禱告，這時上帝現身，顯示為荊棘叢在著火，但是並沒有被燒毀——上帝的示現跟一般自然現象當然是不同的。摩西問：「你是誰？告訴我，我才好對百姓說。」上帝說：「我是自有永存者（I am who I am）。」意思是：我就是一直如此，我就是原先所是的；亦即上帝不可能有過去或未來，他是永恆的。《聖經》裡的摩西和中國的老子互不相識，為什麼談的東西類似呢？因為凡是人，順著思想的要求，就非有這樣的結果不可。

宇宙萬物從哪裡來？我從哪裡來？以前沒有我，以後也沒有我，那我到底存在嗎？笛卡兒說：「我思，故我在。」但他接著就說：「我在，故上帝在。」我憑什麼存在？這是不是個幻覺？想證明我的存在不是幻覺，只有一個辦法，就是找到存在的根源，亦即證明使我存在的那個力量。但那個力量本身不能是別的東西使它存在的，而必須是自己使自己存在的，這樣，我才有真的保障。人類思考宇宙萬物的變化，想找到根源時，最多只能到這個程度。當然，如果你主張沒有根源，那是另外一回事；如果你主張有根源，才能夠解釋這個世界為什麼充滿變化，而不至於是完全虛無的。

道家為什麼出現？老子的時代比孔子稍微早一點，叫作春秋末期的天下大亂時期。那個時代出現了一種思想危機，叫作「虛無主義」。很多人認為，活在亂世中，反正最後會死，何必忍受這些痛苦呢？晚死不如早死，所以很多人自殺，很多人殺人，戰爭變成普遍的現象。這時候人會問，難道人活著只是為了死嗎？人生有什麼意義呢？

老子的思想表面上很冷靜，內心卻非常熱忱。他擔心人類陷入虛無主義的困境，因此在體驗到這種智慧之後，不忍獨享，說出來告訴大家：不要怕，人的生命，宇宙萬物的存在，雖然充滿變化，有生老病死，但最後是有根源的，這個根源就是「道」。為什麼呢？道理很簡單。如果沒有「道」作最後的基礎，這一切由何而來又往何而去？這一切變化是為了什麼？在某時空某條件下，我們曾經存在，既然存在過，就有存在的理由和目的。所以「道」的存在太重要了。

西方哲學為什麼喜歡談上帝或存有本身？因為你不能忍受只有變化的世界。如果我們所見的人生變化到最後，結束了、沒有了；如果萬物再過一百億年之後，整個消失了、沒有了，我們真的要問，何苦過這一生呢？這一生到底要做什麼事呢？做與不做又有什麼差別呢？做成了和沒做成，對這個世界又有什麼影響呢？如果最後是非常悲涼的結論，這是我們不能夠接受的。所以「道」的存在，雖然沒有人可以證明，卻非存在不可。老子說，我不知道它的名字，勉強叫它作「道」，再勉強稱它為「大」。「大」得不是你用感覺或理性所能掌握的。

《莊子》開篇就寫了大鵬鳥的寓言，說：「鯤之大，不知其幾千里也。化而為鳥，其名為鵬。鵬之背，不知其幾千里也。怒而飛，其翼若垂天之雲。」莊子為什麼這樣寫？就是要讓這隻鳥「大」到你不能想像。人能夠思考、想像的東西都是有限的，「道」卻是超越言說之外，超越思考想像之外、不可思議的東西。

老子說「道」廣大無邊，周流不息，伸展遙遠，最後再返回根源，還是一個整體，這個整體就是「道」，也即宇宙萬物變化的根源。宇宙萬物會消失，道永遠存在。人的生命只有一個目的，就是在你活著的時候，好好珍惜機會，開發智慧的潛能，覺悟到什麼是「道」，覺悟到我的生命不是白白來這一遭，而是有一個根源和基礎，應該設法跟「道」結合。「與道合一」之後，我們的生命就像一滴水融進了大海，永遠不會乾涸。

【道與自然】

提起「自然」，很多人會想到「自然界」。但「自然」一詞在《老子》一書出現五次，沒有一次指自然界。老子用四個字來形容「自然界」：天地萬物。換句話說，天地萬物就是大自然。而老子所說的「自然」，是指自己如此的狀態，自己本來的樣子：

「少說話，才合乎自己如此的狀態。所以狂風不會持續吹一個早上，暴雨不會持續下一整天。是誰造成這樣的現象呢？是天地。連天地的特殊運作都不能持久，何況人呢？」

「希言」是少說話。很多話保留不說，不但

原 希言，自然。故飄風不終朝，驟雨不終日。孰為此者？天地。天地尚不能久，而況於人乎？

——《老子．二十三章》

對別人沒有損失，說不定還可以減少困擾。西方有一句俗諺：「話說得愈多，誤會愈深。」不說話反而沒有誤會。最好的辯論是沉默，一句話不說，反而勝過雄辯。口若懸河，話如流水，有時卻比不上沉默的力量。

有個小故事：某個老太太一天到晚不說話，別人問她為什麼，老太太回答：「我小時候就知道一件事，人活在世界上說的話有個限度，把話全部說完就死了。」

「自然」，就是自己如此的狀態。後面講：「而況於人乎？」何況人呢？代表說話是人特殊的能力，少說話，才合乎自己如此的狀態。為什麼呢？因為「飄風不終朝，驟雨不終日」，狂風不會吹一整個早上——老子顯然沒到過臺灣，臺灣颱風來時，恐怕能吹兩天；暴雨不會下一整天——其實也可能下一整天，但不管怎樣，狂風不會一直吹，暴雨不會一直下。這說明什麼？狂風暴雨是天地造成的現象，天地是比人更高的層次，天地造成的現象都不能持久，何況是人呢？老子認為，任何現象在自然界裡出現，一定是平常的、穩定的最持久。狂風暴雨是特殊現象，特殊現象都不能持久，因此人的一切也應該維持在一種平常、平淡、平凡的狀態，做任何事都不要有超越常規的行為，才能夠真正持久。

那麼，「道」與「自然」又是什麼關係呢？《老子・二十五章》有所論及，這也是全書最為關鍵的一章。

「所以，道是大的，天是大的，地是大的，人也是大的。存在界有四種大，而人是其中之一。人所取法的是地，地所取法的是天，天所取法的是道，道所取法的是自己如此的狀態。」

這段話非常深刻。老子首先提出四種「大」，「大」代表人無法想像，無法用理智或感覺去把

原　故道大，天大，地大，人亦大。域中有四大，而人居其一焉。人法地，地法天，天法道。道法自然。

——《老子・二十五章》

握。道是大的，沒有問題；天、地很大，也沒問題；但人大在什麼地方呢？頂多身長七尺，稍微胖一點而已，有什麼大呢？這裡的「人大」，來自於人有一種內在的潛能，可以提升到領悟「道」的程度，這種智慧的力量是大的。因此，存在界有四種大，人在其中是一樣。老子對人的肯定由此可見。

接下來四句話比較難懂。首先，人法地。人活在地上，地上生長五穀、蔬菜、水果等物產，人要按照「地」所提供的生存條件活下去。俗話說「靠山吃山，靠海吃海」，我住在山上，就從山裡取得各種生活資源；住在海邊，就從海裡獲得生活資源；人活在地球的任何地方，都要從周圍地理環境所給予的生存條件中取法，才能夠活下去，這叫「人法地」。

接著，地法天。地指地理，天指天時，也就是春夏秋冬。地上萬物的生發和成長，要靠春夏秋冬來安排，靠季節及風、雨、雷、電的相互配合，風調雨順，才能夠自然生長。一個地方如果雨水多，草木就茂盛；雨水少，就變成沙漠。這叫作地理環境受到天時的影響。

至於「天法道」，因為天時也有規則，天也需要來源。「道」的解釋之一就是規則。天所取法的是道，最根本的規則是要保持平衡，保持常態，保持恆久。此三者，「人法地」可以保障人的生存，並學習合宜的生活法則；「地法天」地理要受到天時的影響；「天法道」等於讓天有個最後的依靠。最後，「道法自然」，問題來了。有人把這句話翻譯成：「道」所取法的是自然界。但是天和地就是自然界，人法天地，天地法道，道又回過頭來法天地，這不是循環論證嗎？所以道所取法的「自然」是自己如此的狀態。也就是說，宇宙萬物連人在內，只要維持自己如此的狀態，沒有任何額外的意念和欲望，連「道」也要向你取法。

當然，老子這麼說，並不是「道」真的要取法誰，因為「自己如此的狀態」也來自於「道」——無為，什麼都沒做，但是無為而無不為，到最後所有該做的都做完了。任何事物若是保持「自己如此的狀態」，就是與「道」同行。

【道生萬物】

原　道生一，一生二，二生三，三生萬物。萬物負陰而抱陽。沖氣以為和。

——《老子．四十二章》

《老子》一書中，有六章專門談「道」，分別為：第一、四、十四、二十一、二十五、四十二章。完全明白這六章，不僅能夠掌握道家思想的核心，也可以懂得人類智慧的最高境界。

「『道』展現為統一的整體，統一的整體展現為陰陽二氣，陰陽二氣再交流形成陰、陽、和三氣，這三氣再產生萬物。萬物都是背靠陰而面向陽，由陰陽激盪而成的和諧體。」

這段白話翻譯，有些人覺得好像和原文有落差。原文念起來琅琅上口，「道生一，一生二，二生三，三生萬物」，沒有翻譯的那麼複雜。但不要忘記底下那句話「萬物負陰而抱陽」。這就給前面的「二」找到了答案。陰和陽是「二」，道當然是「一」，因為道是統一的整體。但是「道生一，一生二，二生三」的「生」不是產生，而是展現、形成。《易經・繫辭傳》裡提到：「易有太極，是生兩儀，兩儀生四象，四象生八卦。」這裡的「生」也是展現的意思。「三生萬物」的「生」才是產生的意思。

「道」本來是一個整體，只有它存在，「獨立而不改」；其他的東西都不存在，它們需要從「道」獲得「德」（德是萬物得之於道者），才能存在。所以「道生一」等於「道」展現為統一的整體。

統一的整體展現為陰陽二氣，亦即「一生二」。古人認為，萬物的形成有兩種力量，陽氣代表主動力，陰氣代表受動力，這兩種氣構成了「二」。

「二生三」，「三」代表陰氣、陽氣，以及兩者交流互動形成的「和」氣。這個和氣，不是「和氣生財」的和氣，而是一種和諧的狀態。任何東西的存在，都是某種成分的陰陽配合形成的和諧體，陰性多一點，叫作雌性；陽性多一點，叫作雄性。例如一座山，如果山嶺代表陽，山谷就變成陰。宇宙萬物皆分雌雄。我們可以利用陰、陽的原理來解釋所有現象，但並非是純粹的陰或純粹的陽。俗話說「孤陰不生，獨陽不長」，只有一個陰，沒有辦法生；只有一個陽，也沒有辦法長。這是宇宙變化的道理。有了陰、陽、和三氣，「三」才產生了萬物。

「萬物負陰而抱陽」，等於陰陽兩種條件都具備了，再「沖氣以為和」，把陰陽二氣調和到一種和諧的狀態。宇宙萬物只要存在，一定是某種陰陽力量處於和諧的狀態；否則立刻毀滅，不能存在。舉例來說，一株小草，生長時是和諧體，枯萎時也是和諧體。龔自珍說：「落紅不是無情物，化作春泥更護花。」一朵花枯萎之後化作春泥，保護下一朵花，當它化成春泥的時候，也是一個和諧體。

這幾句話向來被視為老子的萬物生成論，也即從「道」這個源頭討論宇宙萬物是如何生成的。這種說明在古代西方也嘗試過，但是從來沒有說清楚。人類出現在地球上的時候，這個世界早已存在不知道幾十億年了。你怎麼說清楚宇宙是怎麼形成的呢？所謂「井蛙不知天大，夏蟲難與言冰」，人類要說明「宇宙生成」或「萬物生成」，只能靠推理，靠合理的想像。老子給出的答案是「道」，然而「道」本身又是不能說的，「道，可道，非常道」。「道」本身如何我們不清楚，卻勉強說「道」，一說「道」就與「道」不一樣了。

《老子‧五十一章》也提到「道生之」的問題：

「由『道』來產生，由德來充實，由物質來賦形，由具象來完成。因此萬物無不尊崇『道』而重視德。『道』受到尊崇，德受到重視，這是沒有任何命令而向來自己如此的。」

「道生之」，宇宙萬物由「道」生出，「道」是宇宙萬物的根源。「德畜之」的「德」

原 道生之，德畜之，物形之，器成之，是以萬物莫不尊道而貴德。道之尊，德之貴，夫莫之命而常自然。

——《老子‧五十一章》

與一般所謂的「仁義道德」無關。道家的「德」是獲得的「得」。也就是說，任何東西只要存在，就是獲得了「道」的支持，「道」賦予它一種力量，使它可以成為這樣東西，而這樣東西本身具有某種本性或稟賦，例如它作為樹就是樹，作為草就是草，不能隨便改變；這種本性或稟賦是「道」賦予它的，亦即其「德」。

「物形之」，是指由形以見物，有物才有形；有一物之形，則不能有他物之形。「器成之」的「器」指具體的萬物，也是我們感覺及思考的對象，亦即萬物最後由具象來完成，因為任何一樣東西呈現出來時，都是具象。「道」受到尊，「德」受到貴，正好反映了萬物接受存在與肯定存在的客觀事實，「自然」是自己如此，非由外力。也就是說，宇宙萬物只要存在，就是在「尊道而貴德」，無法選擇要還是不要；只要存在，就表示道的力量在支持；只要存在，就表示萬物的稟賦（德）在運作，這就是「夫莫之命而常自然」，沒有任何命令，而是向來自己如此。

【悟道之法】

學習道家，一定要掌握方法。記得我第一次到北京西單圖書大廈演講，講完了有位穿道士袍的先生問我，研究道家的方法是什麼？我說《老子·十六章》就有標準答案。事實上，許多道教人士至今還在這一章裡尋找修行的引導：

「追求『虛』，要達到極點；守住『靜』，要完全確實。萬物蓬勃生長，我因此看出回歸之理。一切事物變化紛紜，各自返回其根源。返回根源叫作寂靜，寂靜叫作回歸本來狀態。回歸本來狀態叫作常理，了解常理叫作啟明。」

這段話開頭的兩個字就是標準答案：第一是

原 致虛極，守靜篤。萬物並作，吾以觀其復。夫物芸芸，各復歸其根。歸根曰靜，靜曰復命。復命曰常，知常曰明。

——《老子·十六章》

虛，第二是靜。虛之後，能空能明；靜之後，能安能觀。虛有什麼好處呢？例如一只杯子，空的時候代表虛，這時它可以裝進任何東西；相反，如果杯子裡裝滿了水，別的東西如咖啡、酒，就裝不進去了。

追求「虛」，等於要把人內心裡的各種雜念、欲望、幻想化解掉；化解之後，讓心空了，才能得到新的啟發。《莊子•人間世》說得好：「虛室生白。」空的房間顯得亮；相反，如果房間裡塞滿了東西，再亮的燈光也沒有用，因為到處都有陰影，光亮根本顯示不出來。人也是一樣。如果想得到智慧，就要慢慢去掉內心的各種欲望，去掉之後，心中空了，空才能靈。所謂「虛靈不昧」，人的內心虛了就空，空了就明，「明」是什麼都能照見，像鏡子一樣，不被遮蔽。反之，如果內心充斥著各種世俗的念頭，怎麼可能覺悟呢？莊子說：「其嗜欲深者，其天機淺。」這裡的「天機」不是「天機不可洩露」的天機，而是一種自然的領悟能力。如果嗜好和欲望太多，一個人再怎麼聰明，也很難覺悟；而有些人悟性很高，是因為他沒什麼欲望，心中像鏡子一樣，看到什麼立刻覺悟。

其次，要「靜」。要思考，首先要安靜下來；不能靜下來，再好的道理講了也聽不進去。莊子講過一個有趣的比喻：有一個人很害怕自己的足跡和影子。怎麼辦呢？拚命地跑，想避開足跡，逃開影子，跑到最後累死了。為什麼？因為跑得愈快，足跡愈多，影子愈跟得緊；但是如果走到樹蔭之下，安靜下來，足跡就不見了，影子也沒有了。

一個人的心能靜下來才能安定，安定之後才能「觀」，「觀」就是看得清楚。由此可以看出萬物的回歸路線，「萬物並作，吾以觀復」，「復」是回歸的路線。道士修行的地方叫「道觀」，道觀的「觀」就來自這裡。也就是說，智慧的覺悟要透過觀察，觀察之後才能覺悟。所以「觀」是道家的特色，儒家的特色則是修德行善。

到底覺悟了什麼呢？他看出了回歸之理，也即一切事物不論如何紛紜變化，最後都要各自返回它的根源。這是很重要的觀念，所有變化都要回到根源。例如我們的生命慢慢成長，老了之後，「返老還童」，等於又回到當初童年的狀態。

草木也是一樣，花草樹木一直往上長，長到最後，花落歸土，葉落歸根，都回到根源——泥土裡面。亞里斯多德說過：「循環的圓是最完美的運動，它的終點和起點合而為一。」

「歸根曰靜，靜曰復命」。復命是回歸本來狀態。「命」對人而言，是指既定的條件、無可奈何的發展以及最後的結局。例如生下來是男還是女，這對人來說，是既定的條件，是「命」。對「物」（一切事物）而言，「命」是指本來狀態和最後歸宿。老子認為，本來狀態無異於最後歸宿，也就是「靜」。一切都歸於寂靜，回歸本來狀態，這是恆常的道理。亦即，宇宙萬物不要有人為刻意的造作，讓它回歸本來狀態。有人說，這怎麼可能呢？人活在世界上，怎麼可能沒有一種構想或意圖，去達成某些事情或計畫呢？你可以有，但不能要求非達成不可。老子的觀念叫作「無心而為」，我做我該做的事，但不要有刻意的目的，一切順其自然。所有事情都是因緣和合，條件、時機到了，自然會出現這樣的結果。條件、時機不到，就不要勉強。

最後，了解了常理，就是「明」（啟明）了。「明」代表光明，內在產生覺悟，獲得解脫和超越的智慧。也即從「道」來看這個世界，看到的一切將不再是以前所見的狹隘範圍，心胸自然立刻開闊起來，人生的境界從此不同。「明」（啟明）是老子對人的最高期許，並由此建立了道家的修行目標。

【自足於道】

「為學日益，為道日損。損之又損，以至於無為。」這是老子的名言。意思是如果你追求學問，每天要增加一點；例如每天到圖書館看書，要不然，每天看二十分鐘書也是可以的。只要每天堅持，每天增加，學問一定愈來愈好。

但是如果想覺悟什麼是「道」，就要每天減少一點，減少什麼呢？減少各種學科的相對知識、積非成是的世俗偏見，以及個人特有的某些欲望，最後達到無知、無欲、無求的地步。因為這些東西，包括名聲、地位、權力、財富，往往

原 為學日益，為道日損。損之又損，以至於無為。

——《老子．四十八章》

只是增加了你的外在裝備；減少和去除它們，才能幫助你回歸自己本來的狀態。

《老子》裡還有一段話也提到類似的想法：

「去除知識就沒有了煩惱。奉承與斥責，相差有多少？美麗與醜陋，差別有多遠？眾人所畏懼的，我也不能不害怕。遙遠啊，差距像是沒有盡頭……眾人都有所施展，唯獨我頑固又閉塞。我所要的，就是與別人都不同，重視那養育萬物的母體。」

「絕學無憂」意即去除知識就沒有了煩惱。這句話不適合給一般學生看。學生一看，這太好了，只要不上學，就沒有煩惱了嘛。但這裡的「學」指的不是一般的學習，而是有心學習的各

原 絕學無憂。唯之與阿，相去幾何？美之與惡，相去若何？人之所畏，不可不畏。荒兮，其未央哉！……眾人皆有以，而我獨頑且鄙。我欲獨異於人，而貴食母。

——《老子‧二十章》

種知識。因為有知就有欲，世人的「知」用在區分各種價值，但這種區分往往帶來煩惱。而且學無止境，《莊子‧養生主》說得好：「吾生也有涯，而知也無涯，以有涯隨無涯，殆已。」生命是有限的，知識是無限的，用有限的生命追求無限的知識，那是很累的，即使再怎麼辛苦，也無法達到目的。

「唯之與阿，相去幾何」，「唯」即「是的」，聽長輩說話的時候，年輕人要「唯」，我們現在還說「唯唯諾諾」；「阿」是長輩對晚輩，老闆對下屬說話的口氣。皇帝很少說「唯」，都是別人說「唯」，皇帝就「阿」，喉嚨裡發出一點聲音。所以「唯」代表尊敬，「阿」代表傲慢。「唯」和「阿」在此處作「奉承」與「斥責」解。被別人稱讚、奉承，以及被別人批評、斥責，這兩者差別有多少呢？哪一個人不是承上啟下，對於底下的人「阿」，對上面的人「唯」？所以不要太計較。

「美之與惡，相去若何」，「惡」在古代多指「醜陋」，尤其是跟美放在一起。美和醜是相對的，要看誰在欣賞，誰來判斷。例如我們覺得某某小姐很美，要是到了非洲長頸族，他們一定認為她很醜，為什麼？脖子太短了。所以美和醜的標準是不一樣的，也不要太計較。

「人之所畏，不可不畏。」別人畏懼的，我也要畏懼。換句話說，你最好不要跟別人說，「你們怕的我不怕。」這種標新立異的話只能給你帶來困擾。

「荒兮，其未央哉！」「荒兮」指遙遠、沒有盡頭；「未央」是還沒有結束，無盡的意思。老子感歎說，我跟別人的差距像是沒有盡頭啊。一般人在世界上都接受相對的價值觀，追求名利、權位，看見誰風光就很羨慕、崇拜。這是一般人的標準，但是我不同。老子把悟「道」者稱為「我」。我因為領悟「道」，珍惜「道」，懂得以「道」的眼光來看待世界，所以我與一般人的差距很大。

「眾人皆有以，而我獨頑且鄙。」「以」是「用」，別人都有用，很有本事，可以發揮才幹，只有我頑固又閉塞。接下來這句話很重要，「我欲獨異於人」，可見老子並不反對有「欲」。沒有人活在世界上是沒有欲望的，欲望來自於認知，有知才有欲，只是這個「欲」一定要加以分辨。老子認為一般老百姓的欲是有偏差的，因為他的知有偏差，所以老百姓最好「無知無欲」。而聖人，也就是悟「道」者，也就是老子自己，他的欲是沒有偏差的，因為來自於正確的知。

老子說，「我所要的，和別人不一樣」。別人表面上開開心心，很愉快，要什麼有什麼；我看起來好像笨笨的，什麼都沒有。但是我所要的是養育萬物的母體。「母」就是「道」，老子認為「道」像母親一樣生出萬物，所以萬物沒有貴賤之分，因為都來自於「道」。我跟別人不一樣，是因為我和「道」在一起，就像所謂的「和光同塵」，我外表跟你們同化，但內心不會變化。因為我和道在一起，我和我的母親在一起。就像一滴水和海洋在一起，永遠不會枯竭。如果離開了海洋，太陽一曬，就乾了；風一吹，就沒有了。所以「自足於道」，跟自己生命的本源結合。是老子基本的觀念。

附錄 道德經

【上篇 道經】

【第一章】

道，可道，非常道；名，可名，非常名。無名，萬物之始；有名，萬物之母。故常無欲，以觀其妙；常有欲，以觀其徼。此兩者同出而異名，同謂之玄。玄之又玄，眾妙之門。

【第二章】

天下皆知美之為美，斯惡已；皆知善之為善，斯不善已。故有無相生，難易相成，長短相形，高下相傾，音聲相和，前後相隨。是以聖人處無為之事，行不言之教。萬物作焉而不辭，生而不有，為而不恃，功成而弗居。夫唯弗居，是以不去。

【第三章】

不尚賢，使民不爭；不貴難得之貨，使民不為盜；不見可欲，使民心不亂。是以聖人之治，虛其心，實其腹，弱其志，強其骨。常使民無知無欲，使夫智者不敢為也。為無為，則無不治。

【第四章】

道沖而用之或不盈，淵兮似萬物之宗；挫其銳，解其紛，和其光，同其塵，湛兮似或存。吾不知其誰之子，象帝之先。

【第五章】

天地不仁，以萬物為芻狗。聖人不仁，以百姓為芻狗。天地之間，其猶橐籥乎？虛而不屈，動而愈出。多言數窮，不如守中。

【第六章】

谷神不死，是謂玄牝。玄牝之門，是謂天地根。綿綿若存，用之不勤。

【第七章】

天長地久。天地所以能長且久者，以其不自生，故能長生。是以聖人後其身而身先；外其身而身存。非以其無私邪，故能成其私。

【第八章】

上善若水。水善利萬物而不爭，處眾人之所惡，故幾於道。居善地，心善淵，與善仁，言善信，正善治，事善能，動善時。夫唯不爭，故無尤。

【第九章】

持而盈之，不如其已；揣而銳之，不可長保。金玉滿堂，莫之能守；富貴而驕，自遺其咎。功成身退，天之道。

【第十章】

載營魄抱一，能無離乎？專氣致柔，能如嬰兒乎？滌除玄覽，能無疵乎？愛民治國，能無知乎？天門開闔，能為雌乎？明白四達，能無為乎？生之，畜之。生而不有，為而不恃，長而不宰，是謂玄德。

【第十一章】

三十輻共一轂，當其無，有車之用。埏埴以為器，當其無，有器之用。鑿戶牖以為室，當其無，有室之用。故有之以為利，無之以為用。

【第十二章】

五色令人目盲，五音令人耳聾，五味令人口爽，馳騁畋獵令人心發狂，難得之貨令人行妨。是以聖人為腹不為目，故去彼取此。

【第十三章】

寵辱若驚，貴大患若身。何謂寵辱若驚？寵為下，得之若驚，失之若驚，是謂寵辱若驚。何謂貴大患若身？吾所以有大患者，為吾有身，及吾無身，吾有何患？故貴以身為天下，若可寄天下；愛以身為天下，若可託天下。

【第十四章】

視之不見，名曰夷；聽之不聞，名曰希；搏之不得，名曰微。此三者不可致詰，故混而為一。其上不皦，其下不昧。繩繩不可名，復歸於無物。是謂無狀之狀，無物之象，是謂惚恍。迎之不見其首，隨之不見其後。執古之道，以御今之有。能知古始，是謂道紀。

【第十五章】

古之善為士者，微妙玄通，深不可識。夫唯不可識，故強為之容：豫兮若冬涉川，猶兮若畏四鄰，儼兮其若客，渙兮其若釋，敦兮其若樸，曠兮其若谷，渾兮其若濁。孰能濁以靜之徐清？孰能安以動之徐生？保此道者不欲盈，夫唯不盈，故能蔽而新成。

【第十六章】

致虛極，守靜篤。萬物並作，吾以觀復。夫物芸芸，各復歸其根。歸根曰靜，靜曰復命。復命曰常，知常曰明。不知常，妄作凶。知常容，容乃公，公乃全，全乃天，天乃道，道乃久，沒身不殆。

【第十七章】

太上，下知有之；其次，親而譽之；其次，畏之；其次，侮之。信不足焉，有不信焉。悠兮其貴言！功成事遂，百姓皆謂：我自然。

【第十八章】

大道廢，有仁義；智慧出，有大偽；六親不和，有孝慈；國家昏亂，有忠臣。

【第十九章】

絕聖棄智，民利百倍；絕仁棄義，民復孝慈；絕巧棄利，盜賊無有。此三者以為文不足，故令有所屬：見素抱樸，少私寡欲。

【第二十章】

絕學無憂。唯之與阿，相去幾何？善之與惡，相去若何？人之所畏，不可不畏。荒兮，其未央哉！眾人熙熙，如享太牢，如春登臺。我獨泊兮，其未兆，如嬰兒之未孩；儽儽兮，若無所歸。眾人皆有餘，而我獨若遺。我愚人之心也哉！沌沌兮，俗人昭昭，我獨昏昏。俗人察察，我獨悶悶。澹兮其若海，飂兮若無止。眾人皆有以，而我獨頑且鄙。我欲獨異於人，而貴食母。

【第二十一章】

孔德之容，惟道是從。道之為物，惟恍惟惚。惚兮恍兮，其中有象；恍兮惚兮，其中有物。窈兮冥兮，其中有精；其精甚真，其中有信。自今及古，其名不去，以閱眾甫。吾何以知眾甫之狀哉？以此。

【第二十二章】

曲則全，枉則直，窪則盈，敝則新，少則得，多則惑。是以聖人抱一為天下式。不自見，故明；不自是，故彰；不自伐，故有功；不自矜，故能長。夫唯不爭，故天下莫能與之爭。古之所謂曲則全者，豈虛言哉！誠全而歸之。

【第二十三章】

希言，自然。故飄風不終朝，驟雨不終日。孰為此者？天地。天地尚不能久，而況於人乎？故從事於道者，同於道；德者，同於德；失者，同於失。同於德者，道亦德之；同於失者，道亦失之。信不足焉，有不信焉。

【第二十四章】

企者不立，跨者不行，自見者不明，自是者不彰，自伐者無功，自矜者不長。其在道也，曰「餘食贅行」。物或惡之，故有道者不處。

【第二十五章】

有物混成，先天地生。寂兮寥兮，獨立而不改，周行而不殆，可以為天下母。吾不知其名，強字之曰道，強為之名曰大。大曰逝，逝曰遠，遠曰反。故道大，天大，地大，人亦大。域中有四大，而人居其一焉。人法地，地法天，天法道，道法自然。

【第二十六章】

重為輕根，靜為躁君。是以聖人終日行不離輜重。雖有榮觀，燕處超然。奈何萬乘之主，而以身輕天下？輕則失根，躁則失君。

【第二十七章】

善行無轍跡；善言無瑕讁；善數不用籌策；善閉無關楗而不可開，善結無繩約而不可解。是以聖人常善救人，故無棄人；常善救物，故無棄物。是謂襲明。故善人者，不善人之師；不善人者，善人之資。不貴其師，不愛其資，雖智大迷，是謂要妙。

【第二十八章】

知其雄，守其雌，為天下谿。為天下谿，常德不離，復歸於嬰兒。知其白，守其辱，為天下谷。為天下谷，常德乃足，復歸於樸。樸散則為器，聖人用之，則為官長，故大制不割。

【第二十九章】

將欲取天下而為之，吾見其不得已。天下神器，不可為也，不可執也。為者敗之，執者失之。故物或行或隨，或噓或吹，或強或羸，或載或隳。是以聖人去甚，去奢，去泰。

【第三十章】

以道佐人主者，不以兵強天下。其事好遠。師之所處，荊棘生焉。大軍之後，必有凶年。善者果而已，不以取強。果而勿矜，果而勿伐，果而勿驕，果而不得已，果而勿強。物壯則老，是謂不道，不道早已。

【第三十一章】

夫兵者，不祥之器。物或惡之，故有道者不處。君子居則貴左，用兵則貴右。兵者不祥之器，非君子之器，不得已而用之，恬淡為上。勝而不美，而美之者，是樂殺人。夫樂殺人者，則不可得志於天下矣。吉事尚左，凶事尚右。偏將軍居左，上將軍居右，言以喪禮處之。殺人之眾，以悲哀泣之，戰勝以喪禮處之。

【第三十二章】

道常無名，樸。雖小，天下莫能臣。侯王若能守之，萬物將自賓。天地相合，以降甘露，民莫之令而自均。始制有名，名亦既有，夫亦將知止，知止可以不殆。譬道之在天下，猶川谷之於江海。

【第三十三章】

知人者智，自知者明。勝人者有力，自勝者強。知足者富，強行者有志。不失其所者久，死而不亡者壽。

【第三十四章】

大道汜兮，其可左右。萬物恃之而生而不辭，功成不名有。衣養萬物而不為主。常無欲，可名於小；萬物歸焉而不為主，可名為大。以其終不自為大，故能成其大。

【第三十五章】

執大象，天下往。往而不害，安平太。樂與餌，過客止。道之出口，淡乎其無味，視之不足見，聽之不足聞，用之不足既。

【第三十六章】

將欲歙之，必固張之；將欲弱之，必固強之；將欲廢之，必固舉之；將欲取之，必固與之。是謂微明。柔弱勝剛強。魚不可脫於淵，國之利器不可以示人。

【第三十七章】

道常無為而無不為。侯王若能守之，萬物將自化。化而欲作，吾將鎮之以無名之樸。無名之樸，夫亦將不欲。不欲以靜，天下將自定。

【下篇　德經】

【第三十八章】

上德不德，是以有德；下德不失德，是以無德。上德無為而無以為；上仁為之而無以為；上義為之而有以為；上禮為之而莫之應，則攘臂而扔之。故失道而後德，失德而後仁，失仁而後義，失義而後禮。夫禮者，忠信之薄，而亂之首。前識者，道之華，而愚之始。是以大丈夫處其厚，不居其薄；處其實，不居其華。故去彼取此。

【第三十九章】

昔之得一者，天得一以清，地得一以寧，神得一以靈，谷得一以盈，萬物得一以生，侯王得一以為天下貞。其致之也，謂：天無以清，將恐裂；地無以寧，將恐廢；神無以靈，將恐歇；谷無以盈，將恐竭；萬物無以生，將恐滅；侯王無以貴高，將恐蹶。故貴以賤為本，高以下為基。是以侯王自稱孤、寡、不穀。此非以賤為本邪？非乎？故至譽無譽。不欲琭琭如玉，珞珞如石。

【第四十章】

反者道之動，弱者道之用。天下萬物生於有，有生於無。

【第四十一章】

上士聞道，勤而行之；中士聞道，若存若亡；下士聞道，大笑之。不笑不足以為道。故建言有之：明道若昧，進道若退，夷道若纇，上德若谷，大白若辱，廣德若不足，建德若偷，質真若渝，大方無隅，大器晚成，大音希聲，大象無形，道隱無名。夫唯道，善貸且成。

【第四十二章】

道生一，一生二，二生三，三生萬物。萬物負陰而抱陽，沖氣以為和。人之所惡，唯孤、寡、不穀，而王公以為稱。故物或損之而益，或益之而損。人之所教，我亦教之。強梁者不得其死，吾將以為教父。

【第四十三章】

天下之至柔，馳騁天下之至堅。無有入無間，吾是以知無為之有益。不言之教，無為之益，天下希及之。

【第四十四章】

名與身孰親？身與貨孰多？得與亡孰病？是故甚愛必大費，多藏必厚亡。故知足不辱，知止不殆，可以長久。

【第四十五章】

大成若缺，其用不弊。大盈若沖，其用不窮。大直若屈，大巧若拙，大辯若訥。躁勝寒，靜勝熱。清靜為天下正。

【第四十六章】

天下有道，卻走馬以糞。天下無道，戎馬生於郊。禍莫大於不知足；咎莫大於欲得。故知足之足，常足矣。

【第四十七章】

不出戶，知天下；不窺牖，見天道。其出彌遠，其知彌少。是以聖人不行而知，不見而明，不為而成。

【第四十八章】

為學日益，為道日損。損之又損，以至於無為。無為而無不為。取天下常以無事，及其有事，不足以取天下。

【第四十九章】

聖人常無心，以百姓心為心。善者，吾善之；不善者，吾亦善之；德善。信者，吾信之；不信者，吾亦信之；德信。聖人在天下，歙歙焉，為天下渾其心，百姓皆注其耳目，聖人皆孩之。

【第五十章】

出生入死。生之徒，十有三；死之徒，十有三；人之生生，動之於死地，亦十有三。夫何故？以其生生之厚。蓋聞善攝生者，陸行不遇兕虎，入軍不被甲兵；兕無所投其角，虎無所措其爪，兵無所容其刃。夫何故？以其無死地。

【第五十一章】

道生之，德畜之，物形之，器成之。是以萬物莫不尊道而貴德。道之尊，德之貴，夫莫之命而常自然。故道生之，德畜之。長之育之，亭之毒之，養之覆之。生而不有，為而不恃，長而不宰。是謂玄德。

【第五十二章】

天下有始，以為天下母。既得其母，以知其子，既知其子，復守其母，沒身不殆。塞其兌，閉其門，終身不勤。開其兌，濟其事，終身不救。見小曰明，守柔曰強。用其光，復歸其明，無遺身殃，是為襲常。

【第五十三章】

使我介然有知，行於大道，唯施是畏。大道甚夷，而人好徑。朝甚除，田甚蕪，倉甚虛；服文綵，帶利劍，厭飲食，財貨有餘；是為盜夸。非道也哉！

【第五十四章】

善建者不拔，善抱者不脫，子孫以祭祀不輟。修之於身，其德乃真；修之於家，其德乃餘；修之於鄉，其德乃長；修之於邦，其德乃豐；修之於天下，其德乃普。故以身觀身，以家觀家，以鄉觀鄉，以邦觀邦，以天下觀天下。吾何以知天下然哉？以此。

【第五十五章】

含德之厚，比於赤子。毒蟲不螫，猛獸不據，攫鳥不搏。骨弱筋柔而握固，未知牝牡之合而朘作，精之至也。終日號而不嗄，和之至也。知和曰常，知常曰明。益生曰祥，心使氣曰強。物壯則老，謂之不道，不道早已。

【第五十六章】

知者不言，言者不知。塞其兌，閉其門，挫其銳，解其紛，和其光，同其塵，是謂玄同。故不可得而親，不可得而疏；不可得而利，不可得而害；不可得而貴，不可得而賤。故為天下貴。

【第五十七章】

以正治國，以奇用兵，以無事取天下。吾何以知其然哉？以此。天下多忌諱，而民彌貧；民多利器，國家滋昏；人多伎巧，奇物滋起；法令滋彰，盜賊多有。故聖人云：「我無為，而民自化；我好靜，而民自正；我無事，而民自富；我無欲，而民自樸。」

【第五十八章】

其政悶悶，其民淳淳；其政察察，其民缺缺。禍兮，福之所倚；福兮，禍之所伏。孰知其極？其無正也。正復為奇，善復為妖。人之迷，其日固久。是以聖人方而不割，廉而不劌，直而不肆，光而不耀。

【第五十九章】

治人事天，莫若嗇。夫唯嗇，是謂早服；早服謂之重積德；重積德則無不克；無不克則莫知其極；莫知其極，可以有國；有國之母，可以長久；是謂深根固柢，長生久視之道。

【第六十章】

治大國，若烹小鮮。以道蒞天下，其鬼不神；非其鬼不神，其神不傷人；非其神不傷人，聖人亦不傷人。夫兩不相傷，故德交歸焉。

【第六十一章】

大國者下流，天下之牝，天下之交也。牝常以靜勝牡，以靜為下。故大國以下小國，則取小國；小國以下大國，則取大國。故或下以取，或下而取。大國不過欲兼畜人，小國不過欲入事人。夫兩者各得所欲，大者宜為下。

【第六十二章】

道者，萬物之奧。善人之寶，不善人之所保。美言可以市，尊行可以加人。人之不善，何棄之有？故立天子，置三公，雖有拱璧以先駟馬，不如坐進此道。古之所以貴此道者何？不曰：求以得，有罪以免邪？故為天下貴。

【第六十三章】

為無為，事無事，味無味。大小多少，報怨以德。圖難於其易，為大於其細；天下難事必作於易，天下大事必作於細。是以聖人終不為大，故能成其大。夫輕諾必寡信，多易必多難。是以聖人猶難之，故終無難矣。

【第六十四章】

其安易持，其未兆易謀；其脆易泮，其微易散。為之於未有，制之於未亂。合抱之木，生於毫末；九層之臺，起於累土；千里之行，始於足下。為者敗之，執者失之。是以聖人無為故無敗，無執故無失。民之從事，常於幾成而敗之。慎終如始，則無敗事。是以聖人欲不欲，不貴難得之貨；學不學，復眾人之所過。以輔萬物之自然，而不敢為。

【第六十五章】

古之善為道者，非以明民，將以愚之。民之難治，以其智多。故以智治國，國之賊；不以智治國，國之福。知此兩者亦稽式。常知稽式，是謂玄德。玄德深矣，遠矣，與物反矣，然後乃至大順。

【第六十六章】

江海所以能為百谷王者，以其善下之，故能為百谷王。是以聖人欲上民，必以言下之。欲先民，必以身後之。是以聖人處上而民不重，處前而民不害。是以天下樂推而不厭。以其不爭，故天下莫能與之爭。

【第六十七章】

天下皆謂我道大，似不肖。夫唯大，故似不肖。若肖，久矣其細也夫！我有三寶，持而保之。一曰慈，二曰儉，三曰不敢為天下先。慈故能勇；儉故能廣；不敢為天下先，故能成器長。今舍慈且勇，舍儉且廣，舍後且先，死矣！夫慈，以戰則勝，以守則固。天將救之，以慈衛之。

【第六十八章】

善為士者，不武；善戰者，不怒；善勝敵者，不與；善用人者，為之下。是謂不爭之德，是謂用人，是謂配天，古之極也。

【第六十九章】

用兵有言：「吾不敢為主，而為客；不敢進寸，而退尺。」是謂行無行，攘無臂，扔無敵，執無兵。禍莫大於輕敵，輕敵幾喪吾寶。故抗兵相加，哀者勝矣。

【第七十章】

吾言甚易知，甚易行。天下莫能知，莫能行。言有宗，事有君。夫唯無知，是以不我知。知我者希，則我者貴。是以聖人被褐懷玉。

【第七十一章】

知不知，上尚矣；不知知，病也。聖人不病，以其病病。夫唯病病，是以不病。

【第七十二章】

民不畏威，則大威至。無狎其所居，無厭其所生。夫唯不厭，是以不厭。是以聖人自知不自見；自愛不自貴。故去彼取此。

【第七十三章】

勇於敢則殺，勇於不敢則活。此兩者，或利或害。天之所惡，孰知其故？天之道，不爭而善勝，不言而善應，不召而自來，繟然而善謀。天網恢恢，疏而不失。

【第七十四章】

民不畏死，奈何以死懼之？若使民常畏死，而為奇者，吾將得而殺之，孰敢？常有司殺者殺。夫代司殺者殺，是代大匠斲。夫代大匠斲者，希有不傷其手矣。

【第七十五章】

民之飢，以其上食稅之多，是以飢。民之難治，以其上之有為，是以難治。民之輕死，以其上求生之厚，是以輕死。夫唯無以生為者，是賢於貴生。

【第七十六章】

人之生也柔弱，其死也堅強。草木之生也柔脆，其死也枯槁。故堅強者死之徒，柔弱者生之徒。是以兵強則滅，木強則折。強大處下，柔弱處上。

【第七十七章】

天之道，其猶張弓與？高者抑之，下者舉之；有餘者損之，不足者補之。天之道，損有餘而補不足。人之道則不然，損不足以奉有餘。孰能有餘以奉天下，唯有道者。是以聖人為而不恃，功成而不處，其不欲見賢。

【第七十八章】

天下莫柔弱於水，而攻堅強者莫之能勝，以其無以易之。弱之勝強，柔之勝剛，天下莫不知，莫能行。是以聖人云：「受國之垢，是謂社稷主；受國不祥，是為天下王。」正言若反。

【第七十九章】

和大怨，必有餘怨，安可以為善？是以聖人執左契，而不責於人。有德司契，無德司徹。天道無親，常與善人。

【第八十章】

小國寡民，使有什伯之器而不用；使民重死而不遠徙。雖有舟輿，無所乘之；雖有甲兵，無所陳之。使民復結繩而用之，甘其食，美其服，安其居，樂其俗。鄰國相望，雞犬之聲相聞，民至老死，不相往來。

【第八十一章】

信言不美，美言不信。善者不辯，辯者不善。知者不博，博者不知。聖人不積，既以為人己愈有，既以與人己愈多。天之道，利而不害；聖人之道，為而不爭。

傅　佩　榮　作　品　集　2　4

原來老子這樣說

國家圖書館出版品預行編目 (CIP) 資料

原來老子這樣說 / 傅佩榮著 . – 增訂新版 . -- 臺北市 :
九歌出版社有限公司 , 2023.07
面 ; 公分 . -- (傅佩榮作品集 ; 24)
ISBN 978-986-450-580-7(平裝)
1.CST: (周) 李耳 2.CST: 學術思想 3.CST: 道家
121.31　　112009015

作　者——傅佩榮
創辦人——蔡文甫
發行人——蔡澤玉
出　版——九歌出版社有限公司
臺北市 105 八德路 3 段 12 巷 57 弄 40 號
電話／02-25776564・傳真／02-25789205
郵政劃撥／0112295-1

九歌文學網　www.chiuko.com.tw

印　刷——晨捷印製股份有限公司
法律顧問——龍躍天律師 ・ 蕭雄淋律師 ・ 董安丹律師
初　版——2010 年 12 月
增訂新版——2023 年 7 月
定　價——350 元
書　號——0110824
I S B N——978-986-450-580-7
9789864505821（PDF）

道沖而用之或不盈，淵兮似萬物之宗；挫其銳
解其紛，和其光，同其塵，湛兮似或存。吾不
知誰之子，象帝之先。
天地不仁，以萬物為芻狗。聖人不仁，以百姓
芻狗。天地之間，其猶橐籥乎？虛而不屈，動
愈出。多言數窮，不如守中。
谷神不死，是謂玄牝。玄牝之門，是謂天地根
綿綿若存，用之不勤。
天長地久。天地所以能長且久者，以其不自生
故能長生。是以聖人後其身而身先；外其身而

物之始；有名，萬物之母。故常無欲，以觀
妙；常有欲，以觀其徼。此兩者同出而異名，
謂之玄。玄之又玄，眾妙之門。

天下皆知美之為美，斯惡已；皆知善之為善，
不善已。故有無相生，難易相成，長短相形，
下相傾，音聲相和，前後相隨。是以聖人處無
之事，行不言之教。萬物作焉而不辭，生而不
為而不恃，功成而弗居。夫唯弗居，是以不

不尚賢，使民不爭；不貴難得之貨，使民不為
，不見可欲，使民心不亂。是以聖人之治，虛

道沖而用之或不盈，淵兮似萬物之宗；挫其銳
解其紛，和其光，同其塵，湛兮似或存。吾不
其誰之子，象帝之先。
天地不仁，以萬物為芻狗。聖人不仁，以百姓
芻狗。天地之間，其猶槖籥乎？虛而不屈，動
愈出。多言數窮，不如守中。
谷神不死，是謂玄牝。玄牝之門，是謂天地根
綿綿若存，用之不勤。
天長地久。天地所以能長且久者，以其不自生
故能長生。是以聖人後其身而身先；外其身而

物之始；有名，萬物之母。故常無欲，以觀
妙；常有欲，以觀其徼。此兩者同出而異名，
謂之玄。玄之又玄，眾妙之門。
天下皆知美之為美，斯惡已；皆知善之為善，
不善已。故有無相生，難易相成，長短相形，
下相傾，音聲相和，前後相隨。是以聖人處無
之事，行不言之教。萬物作焉而不辭，生而不
為而不恃，功成而弗居。夫唯弗居，是以不

不尚賢，使民不爭；不貴難得之貨，使民不為
，不見可欲，使民心不亂。是以聖人之治，虛